AF620061

VOYAGE FORCÉ DE NAPLES;

Par le Citoyen M***.

Italiam non sponte sequor.
VIRG.

A PARIS,
Chez DESENNE, Libraire, Palais du Tribunat, n°. 2.

(2)

AVERTISSEMENT.

Après avoir lu tant de Voyages d'Italie et de Naples, publiés par des observateurs instruits, l'éditeur de cette correspondance n'auroit jamais pu se persuader qu'un jour il yauroit encore, en ce genre, des choses neuves à dire; et il se seroit cru bien téméraire, d'oser publier ces Lettres. Cependant, depuis qu'il a vu, tout récemment, quelle physionomie nouvelle la révolution a fait prendre à cette contrée, il n'hésite pas de dire, que tous les Voyages faits jusqu'à ce jour, sont à recommencer. S'il se présente le premier dans cette carrière, ce n'est que pour inviter de plus habiles que lui à la parcourir dans un plus grand détail. Voilà le seul mérite auquel il prétende; encore les lecteurs y trouveront-ils beaucoup à désirer, quand ilsauront vu par quelles étranges combinaisons du sort et quelle accumulation d'infortunes, il s'est trouvé contraint de faire une course qui n'étoit assurément pas entrée dans ses calculs.

Débarqué forcément à Naples, lorsqu'il faisoit voile pour l'Egypte ; et jeté par les Anglais au milieu des Lazzaroni, il a profité de sa position pour observer cette étrange populace, et la peindre sous le vrai point de vue où elle se montre, depuis que la force des choses en a fait une puissance. Il y a quelques années qu'elle n'étoit, pour le royaume, qu'une vermineuse superfétation du corps politique ; et pour le voyageur, qu'un objet de pitié et de mépris. Les deux révolutions successives, dont elle a été depuis l'instrument, ont développé chez elle, en l'armant d'un pouvoir redoutable, des vices dont la peinture doit avoir tout l'intérêt de la nouveauté ; car les voyageurs n'ont pu nous dépeindre que la superficie de cette véritable sentine ; ils ne l'ont observée que dans son état de repos, et ne l'ont pas vue dans ce tourbillonnement révolutionnaire qui en a fait exhaler l'horrible putridité. C'est le malheureux avantage qu'a eu l'éditeur ; et comme il ne le doit qu'au hasard, il est loin de se faire un mérite du succès que pourroient avoir quelques lettres sans prétention, écrites à un ami.

Cet aveu lui vaudra, du moins, l'indulgence qu'a droit de réclamer tout homme qui ne prétend pas au mérite littéraire ; il lui fera, sans doute, pardonner le ton inégal et souvent négligé d'une correspondance, qu'il livre au public dans l'état de désordre où il l'écrivit, agité par tant d'affections diverses ; il fournira une excuse à quelques élans de sensibilité, qu'il auroit supprimés comme indifférens à certains lecteurs, s'ils n'étoient liés à des considérations politiques, d'un intérêt général. En effet, le tableau qu'il y présente des barbaries atroces, exercées lâchement par un capitaine anglais, sur des prisonniers sans défense, ainsi que l'expression de sa vive reconnoissance pour l'ennemi généreux qui l'a soustrait, plus mort que vif, à cette verge de fer, n'ont point paru à ses yeux des détails d'un intérêt privé ; il a cru qu'au point de civilisation où l'Europe est parvenue, il falloit livrer au mépris des Nations ces ennemis sans pudeur qui aggravent de leur férocité personnelle les calamités de la guerre. Puisque des Anglais eux-mêmes ont rougi de voir un de leurs compatriotes mériter ce reproche, il sera utile de leur dénoncer de pareilles horreurs ; ce sera du moins un frein pour ceux d'entr'eux qui craignent encore plus le blâme de leurs concitoyens, qu'ils ne détestent les Français.

VOYAGE
FORCÉ
DE
NAPLES.

LETTRE Ière.

De la Frégate la Minerve, an 9.

C'EST de l'heureux port d'Alexandrie, et non d'une frégate anglaise, mon ami, que vous attendiez ma première lettre. Tels étoient du moins les voeux que vous formiez ; il y a deux mois, lorsque votre cœur sembloit dire au vaisseau qu'appeloient de loin les plus belles promesses de la fortune :

Incolumem reddas finibus Affricis
Et serves animæ dimidium meæ.

Mais cette capricieuse Déesse, dont il faut bien que je respecte les décrets, en a ordonné tout autrement. Après m'avoir un peu brusquement détourné de ma route, elle me condamne à faire aujourd'hui, malgré moi, le voyage d'Italie : je l'ai même vue un instant décidée à me faire faire celui de l'autre monde, et j'y serois déjà rendu, si je n'avois trouvé, dans le commodore Cook-Burn, capitaine de la frégate la Minerve, un ange sauveur et consolateur. Bénissez donc avec moi ce noble ennemi ; c'est à ses soins compâtissans, c'est à sa bonté que je dois la vie ; et c'est à sa générosité que je devrai encore le bonheur de ne pas périr de misère dans la longue route qui va me séparer de vous.

Si la guerre maritime, qui enveloppe dans ses désastres le négociant paisible, comme le militaire, est un véritable fléau, il est du moins heureux que l'humanité des vainqueurs vienne quelquefois en consoler les victimes. Quoique, par une rivalité généreuse, toutes les nations de l'Europe soient, pour ainsi dire, convenues des égards dus aux vaincus, lorsqu'un bâtiment en a pris un autre, mon brave commodore a cependant bien moins suivi en cela l'usage, que les nobles penchans de son ame ; il a mis dans ses procédés avec nous, tant de délicatesse ; il nous a prodigué des soins si touchans, qu'il a réellement doublé le prix de ses consolations. Que ne puis-je, mon ami, rendre un hommage sans réserve à une nation où l'on rencontre des hommes de cette trempe ! Mais, si le commodore Cook-Burn fut pour nous le génie du bien, vous verrez bientôt que le capitaine Bellard, commandant de la *Perle*, par laquelle notre bâtiment a été pris et amariné, se constitua, gratuitement, celui du mal. Il est difficile d'accumuler sur des prisonniers, plus d'humiliations et de maux qu'il en a rassemblé sur nous.

Vous savez que j'étois venu de Marseille à Toulon avec mes quatre bâtimens, pour en partir sous la protection de l'escadre de Gantheaume. Le signal d'appareil fut donné le 28 ventôse, à six heures du soir. On commençoit à lever l'ancre, lorsque B***, qui m'avoit accompagné à bord, se sépara de moi. Les adieux d'un ami, qui m'en rappeloient de si chers, r'ouvrirent dans mon cœur une source de regrets ; tous les souvenirs que je m'efforçois d'écarter, celui de ma femme, celui de mon fils, le vôtre, mon ami, reprenant alors leur empire, me firent boire, jusqu'à la lie, le calice de la plus douloureuse séparation. Heureusement que les émotions les plus profondes s'affoiblissent par de nouvelles sensations. Le tableau animé que j'avois sous les yeux, les détails de l'appareillage, la grossièreté bruyante des charivaris forcèrent mon attention, et je me retrouvai enfin un peu de calme.

A neuf heures, l'ancre étoit levée, et nous étions sous voile. A onze heures, nous nous trouvions au milieu de l'escadre, lorsque le vent, qui croissoit à chaque instant, nous livra bientôt à la fureur d'un violent coup d'équinoxe. Forcés de nous détourner de notre route, pour ne pas sombrer avec notre bâtiment, qui faisoit eau de toutes parts, nous nous vîmes encore obligés de jeter à la mer les vergues, les mâtures de rechange et tout ce qui se trouvoit sur le pont. Le jour succédoit, à peine, à cette terrible nuit, lorsque nous n'apperçûmes plus que deux voiles : notre capitaine croyant qu'elles faisoient partie de l'escadre française, se dirigea sur elles, et ne reconnut sa méprise, que lorsqu'elles hissèrent le pavillon anglais. Il fallut, à l'instant, amener le nôtre, car c'étoit en effet deux frégates ennemies, la *Perle* et la *Minerve* : elles se trouvoient déjà à portée de fusil, et venoient de se séparer de la *Sainte-Thérèse* qui, ayant démâté de tous ses mâts pendant la tempête, avoit fait voile pour Mahon.

Quoique la mer fût extrêmement grosse, et que le vent soufflât avec la même violence, elles nous enjoignirent de mettre notre canot à la mer; nos matelots s'y refusèrent, prétendant que c'étoit vouloir les faire noyer. Peut-être avoient-ils raison; car celui que le commodore, impatienté de nos lenteurs, y fit mettre lui-même, se brisa contre notre bord, en y arrivant, et ce ne fut qu'avec peine qu'on sauva les Anglais qui le montoient.

L'officier qui venoit nous amariner, n'en exigea pas moins que nous nous embarquassions sur le nôtre. Nous eûmes beau lui représenter que nous étions malades, et demander, à titre de passagers, de rester sur notre bâtiment, destiné à être conduit à Mahon, il ne nous fut pas possible de l'obtenir : on jeta nos effets dans notre canot; on nous y jeta ensuite, M. C***., moi, notre commis et notre domestique, à peu-près comme des bêtes mortes. Après y être resté deux heures couché sur mes effets, dans une espèce d'agonie convulsive, occasionnée par le mal de mer, la moitié de notre équipage fut déposée sur la *Minerve*, et nous fûmes ensuite conduits sur la *Perle* avec nos officiers et le reste de nos matelots.

Arrivés au bas de cette frégate, aussi mouillés par les vagues qui nous atteignoient sans cesse, que si nous fussions venus à la nage, je recueillis mes forces pour y monter ; mais épuisé par les efforts nécessaires à cette dangereuse translation, je tombai sur le pont sans connoissance, la tête soutenue par l'affût d'un canon, et ne revins de cet évanouissement, que par les soins de mon compagnon, M. C***.

LETTRE IIe.

De la Frégate la Minerve, an 9.

C'EST ici, mon ami, que commence le tableau de tout ce que la barbarie la mieux caractérisée peut accumuler de maux sur des êtres déjà souffrans :

La frégate la *Perle*, qui terminoit une longue croisière, étoit entièrement dépourvue de vivres : de l'eau corrompue, du biscuit piqué de vers, et un reste de bœuf salé composoient ses ressources. Nous ne pouvions que gémir de cette pénurie, sans avoir le droit de nous en plaindre; mais quoiqu'elle pût servir d'excuse au capitaine, il ne crut point devoir y recourir, et fut gratuitement et franchement barbare. Il le fut avec raffinement; il le fut avec plaisir, et voulut que nous fussions, à-la-fois, tourmentés de notre exaspération comme de nos douleurs physiques.

Transis de froid, notre premier besoin étoit de changer de linge; mais le barbare avoit consigné les malles qui nous avoient été laissées par le commodore; et rien ne put le déterminer à nous en laisser la jouissance.

Nos officiers et nos matelots lui ayant demandé des vivres, il leur fit répondre que l'usage de sa nation étoit de n'en délivrer aux prisonniers, que le lendemain de l'arrivée sur les bâtimens capteurs. Quoique l'état convulsif de estomac rendît son refus impuissant à mon égard, je crus déjà pressentir tous les maux dont cet homme cruel n'a cessé de nous accabler. Il étoit assez singulier de voir alors mon compagnon, M. C***., regretter sincèrement que nous ne fussions pas tombés plutôt entre les mains des barbaresques. *Peut-être nous feroient-ils travailler*, disoit-il; *mais du moins ils ne nous refuseroient pas des alimens; car la loi de Mahomet dit: « Donne à manger à ton chien lorsque tu manges. »*

Epuisé par des vomissemens, mes jambes pliant sous le poids de mon corps, je m'étois jeté, transi, dans l'entrepont, sur un coin de mon matelat, dont le tiers à peu près n'avoit pas été mouillé. L'ouverture d'un sabord qui donnoit presque directement sur ma tête, doubloit l'incommodité de ce triste réduit, mais une fatigue excessive m'y avoit déjà procuré une demi-heure de sommeil, lorsque *Arimane* Bellard trouvant que je gênois son passage, ordonna de m'en faire sortir. A moins de nous jeter tou vivans à la mer, il falloit pourtant bien nous mettre quelque part, et déjà nous commencions à réclamer un gîte, quel qu'il fût, avec l'accent de l'indignation. Un matelot, qui balbutioit quelques mots de français, vint alors nous compter, et nous désigna, dans le second entre-pont, un petit espace privé d'air et de lumière : nous étions huit, et à la rigueur le contenant étoit aussi grand que le contenu ; mais une fois placé, il ne falloit plus que personne remuât. Trois dessus, trois dessous, et deux en travers, tel étoit l'arrangement indispensablement nécessaire, encore devions-nous user de précaution et de méthode pour entrer dans cette espèce de cachot d'où nous ne pouvions sortir que par les pieds.

Ce lieu si incommode par lui-même; ce réduit où nous nous gênions et où nous nous infections les uns et les autres, ne causoit cependant que les plus supportables de nos maux. L'hôpital n'étoit séparé de nous que par une toile : il n'y avoit que quatre malades ; mais deux d'entre eux étoient attaqués d'une diarrhée scorbutique. Non, mon ami, il ne me sera jamais possible de vous peindre tout ce que nous dûmes de souffrances à cet intolérable voisinage. Dans l'impossibilité de nous soustraire à l'odeur pestilentielle, et pour ainsi dire cadavéreuse qui s'en exhalait, nous consommions nos jours et nos nuits en imprécations, et nous ajoutions à nos douleurs une exaspération qui devint bientôt une espèce de rage.

Toutes nos idées, tous nos entretiens, tous nos projets ne rouloient que sur le besoin d'une vengeance dont l'impossibilité bien reconnue, finissoit toujours par nous livrer à un morne abattement. Ce qu'il y a de certain, c'est que de toutes les combinaisons infernales que suscitoit à Bellard le génie de la haine, aucune ne le servit mieux que cet affreux, que ce dégoûtant, que cet insupportable supplice.

Peu s'en est fallu, que tant de souffrances, et sur-tout l'humidité de mes vêtemens, ne m'aient donné la mort : elles me causèrent en effet, dès la seconde nuit, une diarrhée violente ; sans nul espèce de secours pour la guérir, n'ayant ni eau de riz, ni légumes, ni tisanne ; réduit à l'alternative de manger de la viande salée, du biscuit pourri, ou de périr de faim, je me vis bientôt sans forces, et à peu-près sans espérance. Trois tasses d'un chocolat qui avoit été mouillé par l'eau de la mer ; trois rôties et deux tasses de thé, que je dus à la compassion d'un bon canonnier, sont les seuls alimens que j'aie pris pendant sept jours. Ce qui redoubloit encore mes tourmens, c'étoit la pitié même de mes compagnons d'infortune. Loin de me consoler, elle me livroit à un attendrissement continuel, Mon pauvre Félix ne m'abordant jamais que les larmes aux yeux, provoquoit sans cesse les miennes. L'inflexion de sa voix, qui décéloit si bien ses craintes, excitoit toute ma sensibilité ; et dans les effusions douleureuses de ce sentiment, mes plus doux souvenirs, qui pouvoient me fournir de si douces consolations, se convertissoient toujours en regrets, et m'abreuvoient de toutes les angoisses et de toutes les amertumes de la mort.

Je n'ai pas honte, comme vous voyez, de vous montrer toute ma foiblesse. Si elle n'est pas entièrement justifiée par celle même de mon corps, elle l'est du moins suffisamment par le sentiment cruel de tout ce que je devois laisser dans ce monde, et par l'image que je me traçois déjà de vos larmes. Oui, mon ami, si, tous les jours de ma vie, j'ai senti le bonheur des communications intimes de notre amitié, ce seul moment m'en a donné la véritable mesure. Plus heureux qu'un autre, par les consolations que ce sentiment m'avoit fourni, il étoit juste, sans doute que, dans cette terrible crise, j'en payasse aussi le prix plus cher que personne. Au reste, si j'étois mort sous le poids de tant de regrets, j'aurois du moins quitté ce monde bien tranquille sur le sort de mon trop aimable Edouard, de cet enfant chéri,

Mea sera et sola voluptas,

par qui je me sentois encore vivre dans ma patrie, lorsqu'il ne me restoit plus qu'un souffle d'existence. Ah! oui, je savois bien qu'en laissant ici bas un ami tel que vous, je lui laissois un second père, et que vous rempliriez avec un zèle pieux ce legs mutuel de notre amitié. Mais voici comment la providence m'a retiré des portes de la mort.

Muni de beaucoup de lettres de recommandation pour le général Menou, je fis assez adroitement savoir au capitaine, par des subalternes officieux, que j'étois porteur de dépêches, et que j'offrois de les remettre au commodore dont la frégate, à portée du canon, naviguoit de conserve avec nous. Il y avoit bien des inconvéniens dans cet artifice, et le plus grand comme le plus vraisemblable, étoit de me voir arracher mes lettres par la violence. Cependant je m'étois aperçu que Bellard, dans l'excès de sa haine, gardoit encore une certaine mesure ; et après tout, je ne risquois rien de tenter ce moyen, n'en ayant pas d'autre. Je ne fesois point un faux calcul : le bourreau ne fut pas plutôt instruit que j'avois plusieurs lettres pour le général Menou, qu'il me fit dire (car il ne nous parloit jamais), que puisque je ne voulois les livrer qu'au commodore, j'irois avec lui le lendemain les lui remettre moi-même à son bord. Le lendemain, en effet, il fait mettre son canot à la mer ; au moment où il s'y embarque, je me dispose à le suivre ; mais se croyant sans doute déshonoré par ma présence, il fait pousser au large, et aime mieux faire faire deux voyages aux matelots, que d'avilir sa haute personne jusqu'à s'asseoir auprès d'un négociant français.

Le canot étant revenu me prendre, je me rendis, ou plutôt on me porta à bord de la *Minerve*. Le commodore vint me recevoir lui-même. Je lui remis mes lettres. Je lui dis qu'elles ne contenoient autre chose que des recommandations, et ne lui déguisai pas, que traité sur la *Perle* bien plus inhumainement qu'aux bagnes d'Alger ou de Constantinople, j'avois employé ce stratagême pour lui parler et me plaindre d'un traitement dont il n'y eut peut-être jamais d'exemple. Je lui demandai ensuite, comme Palinure à Enée, de voguer avec lui.

Da dexteram misero et tecum me tolle per undas.

Observez cependant que Palinure demandoit au héros de le conduire aux enfers, et que moi, au contraire, je priois le commodore de m'en tirer. Ma maigreur, mon corps chancelant, ma voix affoiblie, tout, jusqu'à l'expression de mon indignation, que je ne cherchois pas à maîtriser, n'attestoient que trop combien mes plaintes étoient fondées. Il en eut honte pour le compte de sa nation, et après avoir cherché à justifier nos maux par la pénurie des vivres, il me promit de me prendre sur son bord, ainsi que M. C***., notre commis, et notre domestique. Fidelle à sa promesse, il ordonna au capitaine Bellard de nous y faire transporter dès le lendemain ; mais cet homme féroce jusqu'au dernier moment, prenant pour prétexte quelques travaux urgens, attendit, pour se dessaisir de ses victimes, que la nuit fût venue, et que le vent qui croissoit avec le déclin du jour, rendît notre translation difficile et périlleuse. Il nous livra, à huit heures du soir, à la fureur des vagues, bien moins tourmentées

tourmentées par un vent très-violent, que nous ne l'étions nous-mêmes par sa présence.

Quelle que soit au reste la source de la haine de ce barbare, il a dû voir que les Français savoient souffrir sans se plaindre ; et s'il n'a pas entendu une seule réclamation, il a pu lire du moins dans nos regards, à travers une indignation concentrée, une résignation poussée encore plus loin que sa cruauté elle-même. Tout en moi, dut lui apprendre qu'en lui abandonnant un corps, qui s'éteignoit sous son oppression, mon ame à l'abri de ses coups, s'élevant et respirant à l'aise, sous le poids de ses humiliations, ne ressentoit de ses barbaries, d'autres atteintes, que le mépris qu'elles devoient naturellement m'inspirer. Il me donnoit la mort, mais sans pouvoir me la faire craindre. Son calice étoit tout entier dans mes souvenirs ; et s'il m'avoit été possible de perdre tout-à-coup le sentiment de mes affections, les recherches de sa cruauté n'eussent pu m'atteindre. L'histoire des révolutions et des factions, mon ami, fournit une foule de traits de barbarie à peu près semblables à ceux dont nous avons été victimes : mais il appartenoit au capitaine Bellard de donner à la haine nationale la virulence de l'esprit de parti.

LETTRE IIIe.

De la Frégate la Minerve, an 9.

MON ami, les romans ne présentent pas de transition aussi extraordinaire que celle dont nous goûtons ici toute la douceur. Il n'y a réellement que dans les fictions de la féerie, qu'on en peut trouver de semblables.

Soit que le hasard, soit plutôt que le choix du capitaine de la *Perle* n'eût rassemblé sur son bord, que des hommes inhumains comme lui, nous n'y avons reçu de consolations ni des officiers, ni des matelots. Ceux-ci n'ont même cessé de nous insulter; et, sans un bon canonnier, dont la bonté compâtissante fait une exception unique à cette aggrégation de barbares, je croirois n'avoir quitté que de véritables sauvages. Aussi ignorans qu'insensibles, il n'y avoit personne, parmi eux, qui pût se faire entendre dans une langue étrangère à la leur. M. C***. sait la langue turque et italienne; notre commis parle l'arabe et le russe; je sais l'espagnol; et quoique je lise l'anglais, sans pouvoir le parler, j'étois forcément devenu le seul interprête de nos maux et de nos douleurs. Ici, au contraire le commodore parle le français avec facilité, et les officiers qui l'entendent tous, plus ou moins, sont indignés des barbaries exercées contre nous : aussi n'y a-t-il pas d'attentions et de recherches auxquelles ils n'aient recours, pour nous prouver que les hommes qui, parmi eux, ne savent pas respecter le malheur, ne sont pas de véritables Anglais. Officiers, maîtres et matelots, chacun nous accueille, nous fête, et vient avec une espèce de besoin, au-devant de nos désirs.

Le commodore qui joint à beaucoup de connoissances, cette politesse du cœur dont on sent tout le prix dans une position comme la nôtre, nous a tout-à-coup mis à notre aise, par un accueil plein d'une franchise abandonnée. Sa table, sa chambre, sa bibliothèque nous ont été offertes si noblement, qu'il seroit impossible de ne pas reconnoître, à l'accent seul de ses offres, le besoin de les voir acceptées. « Je » m'apperçois bien, m'a-t-il dit, avec déli- » catesse, que j'ai à guérir votre corps et votre » ame ; mon cuisinier se chargera de ce pre- » mier soin, et je me charge moi-même du » second ; au reste, si vous n'en agissiez pas » avec moi sans façon ; si vous n'usiez pas de » ma table, de mes meubles et de ma chambre » sans réserve, vous me désobligeriez. Nos

» gouvernemens sont ennemis ; mais si nous » sommes nous-mêmes forcés de l'être avant » le combat, le prix le plus heureux, peut-» être du vainqueur, est de pouvoir, après la » victoire, adoucir le sort des vaincus. »

Homme sensible, homme véritablement généreux, et qui ne vouliez que guérir mon ame ; ah ! vous n'avez eu besoin pour cela, que de lui faire entendre les premiers accens de la vôtre ! A titre de malheureux, nous ne réclamions que votre pitié ; et, lorsque les moindres preuves de compassion eussent suffi pour nous consoler, vous adoucissez nos maux par tout ce que le sentiment a de plus tendre, et par tout ce que la délicatesse a de plus noble. Hélas ! nos larmes ont dû vous apprendre si nous étions dignes de tant de générosité. Et qui pouvoit mieux entendre leur langage que vous, qui avez dû l'inspirer, et en jouir si souvent !

Vous concevrez difficilement, mon ami, combien, dans le malheur, certains sentimens nous ébranlent fortement et font époque dans la variété de nos sensations. C'est du moins ce que me fait éprouver mon commodore, dont la bonté s'embellit de toute la grâce d'un homme aimable. J'étois, comme il le dit fort bien, tout aussi malade d'esprit que de corps ; mais en me faisant passer de cette tristesse aride qui corrode l'ame, à des émotions plus douces, il m'a rendu tout le bonheur et le calme que procure un attendrissement si salutaire. Ce n'est pas seulement de l'estime et de l'admiration que j'éprouve pour mon généreux bienfaiteur, c'est une espèce de culte que je lui rends. Les inspirations de ma reconnoissance sont si vives, qu'elles me paroissent presque des dons du ciel ; et j'en jouis comme si je lui en avois déjà payé le prix, ou comme si je l'avois mérité moi-même.

Ce n'est pas à vous, mon digne ami, que ce langage doit paroître exalté ; à vous qui, toujours étranger à ce que la personnalité a d'exclusif, m'avez donné meilleure idée de l'espèce humaine ; à vous, pour qui des intérêts, quels qu'ils fussent, n'ont jamais fait poids dans la balance de vos affections ;

. . . . *Tibi me virtus tua fecit amicum.*

et lorsque j'honore le digne bienfaiteur qui va nous rendre l'un à l'autre, bien certainement vous ne trouveriez de déplacé dans les expressions de mon culte, que trop de mesure ou de tiédeur.

Tout, ici, est en contraste avec le triste bord de la *Perle* ; j'y suis sans cesse livré aux élans de la reconnoissance, ou au charme de l'art le plus consolateur des peines de la vie. Des Italiens réfugiés que le commodore a pris à ses gages, nous y donnent, deux fois le jour, des concerts charmans. C'est sur-tout le soir que j'éprouve l'invincible magie d'une musique exécutée dans le silence des vents et de la nuit, sur cette solitude immense dont notre bâtiment paroît le seul point habité. Dans la quiétude d'une mélancolie rêveuse que nourrit le sillage du bâtiment, en se mariant à ces divins accens, mon ame, si long-tems fatiguée d'exaspération, semble passer de la terre à l'élysée : je crois, dans cette extase, entendre réellement le concert harmonieux des êtres heureux de la nature,

Et mon cœur s'associe à tous les cœurs contens.

Nos plus vives inquiétudes sur la frégate la *Perle*, venoient de l'incertitude où l'on nous tenoit sur le lieu de notre débarquement. A la route que nous faisions sur cette première frégate, il n'étoit presque pas douteux que nous ne dussions être conduits en Sicile, et rien ne pouvoit nous être plus funeste, par la difficulté de faire parvenir de nos nouvelles d'une île qui n'a plus guères aujourd'hui de communication directe qu'avec Naples. Le souvenir de quatre-vingt Français égorgés au Lazareth d'Augusta avec le commissaire Succi, nous inspiroit les plus vives alarmes. Un long entretien que je viens d'avoir avec le commodore les a fait cesser. Il comptoit, m'a-t-il dit, nous débarquer en Sicile; mais sur l'observation que je lui ai faite, que l'assassinat des Français y étoit une œuvre-pie, il m'a promis de nous mettre dans le premier bâtiment qu'il rencontreroit devant le golfe de Naples.

Si cette dernière ville n'offre guères aujourd'hui plus de sureté pour un Français, elle est du moins sur le continent; et puisque nous n'avons à choisir qu'entre deux écueils, j'ai choisi ce dernier, comme le moins dangereux.

Dans les douze jours que nous avons déjà de navigation, tant sur la *Perle* que sur la *Minerve*, la variation du temps m'a fourni l'occasion d'observer les Anglais dans les détails d'un art qui leur a donné une si grande influence dans toutes les parties du monde; et il faut convenir que cette nation, indépendamment de son intrépidité naturelle sur un élément terrible, y est, sous le rapport des précautions de détail, bien supérieure à la nôtre.

Sans rappeler toutes les causes de cette supériorité, sans parler de l'ordre rigoureux qui assure invariablement au dernier mousse, comme à l'amiral lui-même, sa part exacte dans les prises, véhicule bien plus puissant qu'on ne pense; sans parler de la sévérité de leur discipline et de la continuité d'une vigilance excessive, les deux causes principales frapperont les yeux les moins exercés : elles consistent dans cette multitude de précautions qui tendent toutes au bien-être du matelot, et dans la grande expérience de leurs maîtres et contre-maîtres. Quiconque a navigué sur des bâtimens français a dû s'affliger du tableau de la misérable condition de nos matelots. Jetés pêle-mêle dans les entreponts, privés de toutes les commodités de la vie; nulle cloison, nulle distribution agréable, nul attrait ne les y attache, tandis qu'au contraire les bâtimens anglais, subdivisés ingénieusement dans une infinité de compartimens, offrent au moindre des matelots, des commodités qu'il faut avoir vues, pour s'en faire une idée. Les marins français, on peut le dire, ne sont que campés sur nos bâtimens; mais les Anglais, dans les leurs, sont véritablement logés. La classe si essentielle des maîtres, surtout, y est presque aussi bien traitée que celle des officiers. Une fois retirés dans leurs chambres, propres et commodes, ils en jouissent réellement comme d'une véritable propriété, et peuvent du moins y perdre, pendant quelques heures, le sentiment de leur dure dépendance. Plusieurs y ont leurs femmes et leurs enfans. Le sucre et le thé qu'on distribue chaque jour, à tout l'équipage, indistinctement, leur offre, à-la-fois, une douceur et un passe-tems. Les mousses enfin, cette pépinière précieuse de marins, y sont surveillés sous le double rapport de l'instruction et de la propreté, avec une sévérité si rigoureuse, qu'elle va presque jusqu'à la cruauté : quelquefois, nés sur l'élément qu'ils doivent habiter toute leur vie, ils sont, à quinze ans, d'excellens marins. Indépendamment de ces précautions, une administration bien entendue remplace à leur égard l'autorité paternelle, veille à leurs besoins, et leur donne, à des prix modérés, des vêtemens dont elle prolonge l'usage par des inspections fréquentes et sévères.

Ces soins prodigués aux marins anglais, les attachent à un état qui, quoique pénible, a comme les autres, ses momens de repos et de loisir. Il a même des chances heureuses dans l'ordre d'avancement, tant pour les officiers, que pour les matelots qui le deviennent à leur tour.

En vérité, je n'ai pas vu de vie moins agitée et plus heureuse, peut-être, que celle du bon canonnier qui partagea si généreusement avec moi les dernières tasses de thé de sa provision particulière. Servi par un bon petit diable de filleul dont il a un soin paternel, cet excellent homme, toujours grave, toujours fumant, toujours roide comme une statue égyptienne, ne quittoit la pipe que pour prendre son verre, ou visiter, deux fois le jour, ses batteries. Dans un corps presque toujours immobile, il cachoit une ame active; j'étois devenu, pour ainsi dire, son second filleul, et je passois tous les soirs, deux heures avec lui, dans une atmosphère de fumée. Figurez-vous, ma tête qu'une extrême foiblesse fesoit tomber sur ma poitrine, contrastant avec l'immobile roideur de la sienne; représentez-vous le filleul James, les deux coudes appuyés sur la table, regardant un Français comme un être extraordinaire, et prolongeant sur moi, pendant des heures entières, des regards empreints de l'inutile intérêt qu'il n'a cessé de me prodiguer. Il manquoit là un Teniers; mais la férocité de Bellard a gravé, à l'eau forte, ce tableau dans ma mémoire.

LETTRE IVe.

Du Lazareth de Naples, dans l'isle Nizida, an 9.

Il étoit bien tems, mon ami, que je quittasse l'enfer maritime que promène par-tout l'impitoyable Bellard ; car, malgré l'eau de riz et les bons restaurans qui m'ont rappelé à la vie pendant les quatre jours passés sur la *Minerve*, j'ai cependant, à peine encore la faculté de me soutenir. La table du capitaine, ses excellens vins, des alimens choisis et un lit supportable, en faisant cesser mes maux, n'ont pu me rendre mes forces aussi promptement que mes espérances.

A peine étions-nousdevantle golfe de Naples, que notre commodore, fidelle à ses promesses, fit venir à son bord la première felouque qui se présenta. Le patron qui la commandoit, ne voyant en nous que des passagers disposés à bien payer sa complaisance, quoique tout aussi disposé à nous recevoir, craignoit cependant que son gouvernement ne lui imputât à crime d'avoir fait quelque chose pour des Français. Mais comment refuser un capitaine qui lui demandait de bonne grâce, ce qu'un seul de ses quarante-quatre canons eût si facilement obtenu? Il fallut donc consentir à *empoisonner*, d'une vingtaine de Français, les états Napolitains.

Nous nous disposions à partir, lorsque le commodore, qui semble n'avoir étudié les hommes que pour apprendre à les consoler, nous pressa d'accepter une lettre de crédit pour Naples. Je n'ai pas plus d'expressions pour vous rendre l'effet de ce nouvel acte de générosité, que je n'en eus alors pour l'en remercier lui-même. Sentir, et verser des larmes, voilà ce que je fis ; voilà ce que je fais à l'instant.

Nos malles une fois embarquées sur la felouque, nous prîmes congé des officiers et de leur digne capitaine. Cet homme sensible, attendri par nos adieux faits au milieu des larmes, vit même partir à regret les objets de sa bienfaisance. Mais à peine nous quittions le bord de la frégate, que nos mains spontanément étendues vers ce généreux ennemi, lui portèrent une récompense digne de lui.

Nous découvrions déjà la ville de Naples ; et dans toute autre circonstance, le tableau des débris imposans, semés sur les bords du golfe, m'eût ravi d'enchantement ; mais la riche côte de Pausilipe, celle de Portici qui lui fait face, le cap Mycène, l'isle de Caprée, le tombeau de Virgile, tous ces objets qui parlent à-la-fois à l'imagination, au goût, et à l'esprit, et qui m'offroient, en foule, des souvenirs de tous les genres, se flétrissoient par des pressentimens sinistres.

Je savois, à notre départ de Toulon, qu'un armistice avoit été conclu entre le roi des Deux-Siciles et le général Murat. Son armée ne devoit pas se trouver à plus de vingt lieues de la capitale; mais ce voisinage, loin de me rassurer, causoit mes inquiétudes : sans connoître cette ville, je connoissois assez le caractère de cette singulière populace qu'on nomme lazzaroni, pour ne pas entrevoir dans cette circonstance seule, une occasion d'effervescence populaire ; et quand je n'aurois pas eu cette cause accidentelle de désordre à redouter, l'histoire sanglante de la contre-révolution dans cette malheureuse capitale, ne me fournissoit que trop de leçons sur les dangers attachés au nom français. Je frémissois en songeant que nous pouvions y être reconnus, et y faire éclater une nouvelle explosion de cette haine nationale, qui causa les vêpres siciliennes, et qui s'est même renforcée de tous les préjugés contraires à la révolution française.

Quel frein, en effet, eût opposé un gouvernement tremblant à une multitude féroce qu'il avoit soulevée lui-même, au nom de la divinité ? Dans les instans de la puissance momentanée qu'on lui avoit laissé prendre, n'avoit-elle pas outrepassé les bornes connues de tous les crimes ? Et si la crainte de cette horrible populace retenoit encore en Sicile le roi lui-même, son protecteur et son patron, comment, dis-je, un gouvernement mutilé par la frayeur, eût-il trouvé les moyens de nous protéger, dans le cas même où il l'eût voulu ? Vous avouerez, mon ami, qu'il y avoit bien, dans le sentiment de terreur dont ces réflexions nous accabloient, de quoi ternir l'éclat du tableau que nous avions sous les yeux.

Arrivés devant le bureau de santé, nous y étions depuis cinq heures, que nous ne connoissions pas encore sa décision. Le patron de la felouque trompoit seulement notre impatience, en nous assurant qu'on s'occupoit de nous ; et nous étions, en effet, devenus aux yeux du gouvernement un objet d'une telle importance, qu'il délibéra, à-peu-près, pendant trente-six heures sur notre sort. Livrés pendant cette délibération à tous les genres de besoin et de douleur, pressés les uns sur les autres, il falloit encore étouffer nos plaintes, de peur qu'exhalées en français, elles ne nous eussent fait connoître de ce qui nous entouroit. Enfin, on vint nous dire que nous serions soumis à une quarantaine, et qu'on alloit en conséquence nous transporter au Lazareth. Etoit-ce une dérision ? Etoit-ce une combinaison pour tromper plus cruellement notre impatience ? Je l'ignore. Ce que je ne sais que trop, c'est que personne ne parut, et que nous passâmes la nuit dans une situation très-gênante.

Il étoit à peine jour, que des bateliers nous jetèrent, en passant, des rameaux, ne croyant sûrement pas les offrir à ce qu'ils appellent des *ante-christs* de français. Cependant, malgré nos précautions, le secret que nous avions un si grand intérêt à garder fut découvert ; et le premier avertissement que nous en eûmes, nous fut donné par un vieux batelier, d'une manière assez originale. En naviguant autour de notre felouque, il cracha sur la figure d'un de nos matelots, sans se déranger de sa route, et sans témoigner la moindre émotion. Ce salut d'une nouvelle espèce fut le signal des injures et des malédictions qu'on ne cessa depuis, de nous prodiguer. Devenus les objets d'une curiosité qui tenoit du mépris et de la fureur, nous fûmes bientôt entourés d'une multitude dont les gestes et les accens portoient tous ce double caractère. Sur les bâtimens qui nous entouroient, sur les chaloupes qui nous croisoient, sur les quais, au bas desquels nous attendions notre sort, nous n'entendions qu'un concert d'imprécations. Tous ces effrénés ne se seroient certainement pas bornés à des injures et à des menaces, s'ils avoient pu nous atteindre. Heureusement que le lieu même de cette scène nous défendoit de leur fureur. Jusqu'à la décision du bureau de santé, notre felouque étoit un asile que personne ne pouvoit aborder, sous peine de mort. Cette circonstance seule nous sauva momentanément de ce danger, et nous ne l'évitâmes entièrement, que par la quarantaine que nous redoutions de si bonne foi; tant il est vrai que le hasard nous sert souvent mieux que tous les efforts de notre prudence.

Le tems s'écouloit; la faim, la soif, la fatigue, tout nous accabloit; nos maux, enfin, étoient à leur comble; et comme une telle position légitimoit notre importunité, je ne cessois d'écrire aux diverses autorités du pays.

Voyant bientôt que toutes mes lettres étoient interceptées,

interceptées, je menaçois d'écrire au prince royal et au commandant des troupes russes, bien décidé à leur faire remettre ma lettre par des officiers de marine de cette nation qui passoient continuellement auprès de notre bord, lorsque notre patron, qui ne couroit pas le même danger que nous, mais qui souffroit des mêmes besoins, me donna les moyens de les faire cesser. Il nous apprit qu'il existoit à Naples un commissaire français.

Sans connoître l'objet de sa mission, et soupçonnant seulement qu'elle devoit être relative à l'armistice, je lui écrivis au nom de l'équipage, des officiers et des passagers. Dès qu'on vit que je me disposois à remettre ma lettre à un officier russe, on aima mieux se donner le mérite de la faire parvenir que d'y opposer d'inutiles efforts. On la remit en effet; et elle ne fut pas plutôt entre les mains du commissaire français, que notre patron reçut l'ordre de nous conduire au Lazareth, où nous arrivâmes après une traversée de deux heures.

LETTRE V^e^.

Du Lazareth de Naples, an 9.

Le Lazareth, mon ami, est situé dans l'île Nizida, à deux lieues de Naples. Cette île n'est autre chose qu'un misérable roc, percé à jour, qui a une centaine de toises de longueur et une soixantaine de largeur ; il est évident qu'il a été détaché du continent par un de ces tremblemens de terre qui accompagnent ordinairement les grandes éruptions du Vésuve. Des hangards pour les marchandises, occupent le rez-de-chaussée. Les voyageurs soumis à la quarantaine, logent dans un mauvais donjon qui n'a d'autre distribution que quelques cloisons de planches pourries, et d'autre commodité qu'un lit de camp. Matelas, meubles, alimens, tout se porte à grands frais, d'un mauvais cabaret situé à une lieue de là. Qui croiroit, cependant, que cette étroite et incommode prison, d'où je vous écris, nous offre des jours de repos et de bonheur ! Oui, malgré ma foiblesse, ou plutôt à cause de cette foiblesse, il semble que je renaisse à une autre vie. Ces restes de la magnificence des Romains dont je suis entouré, le souvenir des grands hom mes qu'a portés cette heureuse terre, les phénomènes les plus terribles de la nature ; toutes ces idées agréables , séduisantes , terribles ou mélancoliques me livrent à un véritable enchantement. Ce beau ciel, ce beau climat, ce magnifique spectacle enfin, qui m'a trouvé tant de fois indifférent ou ingrat, source maintenant de ravissemens et d'élévation , semble ne devoir plus m'inspirer que des hymnes à l'existence et à son auteur. Peut-être, le charme de ma prison (car c'en est une) tient-il au contraste de mes maux passés et de mes espérances ; mais le caractère du tableau que j'ai sous les yeux, y entre, sans doute, pour beaucoup ; et il m'est aussi impossible d'en parler sans enthousiasme, que de le voir sans admiration.

J'ai devant moi, et à trois lieues de distance , le Vésuve. Brûlé dans les deux tiers de sa hauteur , par la lave et les cendres qui le couvrent, sa base, du côté de la mer, est ceinte par la côte de Portici. Une immense quantité de palais , semés sur cette côte , au milieu de la plus belle verdure , donnent à ce contraste de calcination et de fraîcheur un caractère inconcevable. Le foyer du volcan réchauffe et féconde cette terre, déjà heureuse d'un ciel pur ; et , comme si ce n'étoit pas assez de ce double luxe de la position et de la fécondité ; des palais , des colonnades , des arcs de triomphe , des obélisques viennent encore ajouter leur magnificence à cette belle décoration , et achèvent un tableau qui semble moins appartenir à la réalité qu'aux créations de la féerie.

Lorsque je songe néanmoins que ces palais , ces bosquets , ces lieux enchantés reposent sur des villes ensevelies ; qu'ils ne sont , pour ainsi dire , que le cadre brillant d'un abyme de destruction ; lorsque je réfléchis que ces riches tableaux ne doivent tant de charme et d'éclat qu'au volcan qui les menace sans cesse , je passe de l'extase au recueillement ; et j'observe que la nature , en apparence si inégale dans ses dons , y met pourtant des réserves qui en compensent presque toujours les avantages. C'est , peut-être , même par un de ses artifices les plus cruels , qu'elle a placé l'incendie sous la plus brillante fécondité , et la mort si près des délices.

Dans le prolongement de cette côte fertile , qui se termine au Cap-Minerve , je distingue Sorrento , patrie immortelle du Tasse. C'est sans doute des paysages rians et variés dont elle brille , que le créateur des jardins d'Armide a emprunté ses plus belles peintures. La vie agitée de ce grand poëte, mort au moment où un triomphe éclatant alloit en expier les infortunes, est l'image fidelle des contrastes de cet étrange pays ; et les syrènes que les poëtes y avoient placées, n'offroient sans doute aux navigateurs un assemblage de grâces et de perfidie, que pour mieux en caractériser les dangers cachés sous des amorces si brillantes.

A trois lieues à peu près de Portici, et à même distance de mon donjon, je vois l'île Caprée. Par un contraste bien singulier, des Chartreux habitent les débris du palais de Tibère, et y expient, par les austérités du cloître, les orgies d'une débauche dont ils n'ont point goûté les jouissances. Comme tout ce qui l'environne, elle est sous un beau ciel, et dans une heureuse position ; mais ce sont là ses seuls avantages. Etoit-ce donc par un reste de honte que ce monstre venoit y dérober aux Romains les tableaux d'une débauche bizarrement capricieuse ?..... Mais je parle de Tibère, et j'ai honte moi-même de l'avoir un instant supposé capable d'un tel scrupule. Quoiqu'il en soit, mon ami, je me ressens encore trop des actes de barbarie du capitaine Bellard, pour que le souvenir du monstre romain ne me ramène pas, malgré moi, à celui du monstre anglais. Je ne vois guères, en effet, d'autre différence entr'eux que l'étendue de leur empire. Tibère gouvernoit le monde, Bellard ne commandoit qu'une frégate ; mais dans la sphère bornée de son empire, il se montra, comme lui, étranger à la pitié et à tous les sentimens nobles : ennemi sans générosité, et maître barbare, il n'a cessé de faire couler le sang de sès matelots sous d'impitoyables garcettes ; et il vouloit que nous fussions témoins de ces exécutions. Je lui trouve même quelque ressemblance avec Caligula. Ses trois chiens qui avoient de l'air et de l'eau, dont nous étions privés, étoient les seuls objets de son affection ; et quoique je ne sache pas qu'il ait eu le désir de les constituer en dignité, je l'ai vu châtier cruellement des matelots qui n'avoient fait que venger sur eux, par quelques coups de pied, le vol de leur ration.

Si je détourne la vue d'une île, qui me fournit de si tristes souvenirs, je trouve de l'autre côté du golfe des lieux célèbres par les catastrophes dont le Vésuve a épouvanté le monde. J'aperçois le cap Mycène : c'est de là que partit Pline l'ancien, pour considérer de plus près les effets de la plus effrayante des éruptions de ce volcan, curiosité sublime et passionnée qui coûta la vie à ce grand homme! Je ne rencontre jamais sous mes yeux ce promontoire célèbre, sans assister, pour ainsidire, à la catastrophe qui en a ravagé les bords et détruit les villes. Je ressens encore les impressions terribles dont la description de Pline le jeune me consterna dans ma jeunesse. Mes yeux sont encore obscurcis de cette épaisse fumée qui couvroit la terre; ils sont frappés de l'aspect affreux des villages qui brûlent. J'en suis avec effroi les habitans infortunés, fuyant au milieu des ténèbres que des nuages de cendre et de scories ont créés tout-à-coup au milieu du jour; je les vois chercher inutilement des chemins que la cendre a déjà envahis; je vois la mer s'agiter jusques dans ses abymes, abandonner ses bords, tandis que dans cette effrayante obscurité, une foule éperdue de femmes, d'enfans et de vieillards trébuche sur des rochers et même sur les monstres que la mer a laissé sur le rivage.

De ces terribles tableaux, conduit insensiblement à des images plus douces, par la diversité même des objets qui m'entourent, ils m'apportent en foule de grands souvenirs et des noms illustres. J'apperçois Baies, dont les rives presque abandonnées, étalent aujourd'hui sans témoins les trésors d'une belle nature. C'étoit là qu'Horace, voyant mourir à ses pieds les flots tranquilles d'une mer qui lui portoit sa fraîcheur, s'écrioit, avec raison :

Nullus in orbe sinus Baiis prælucet amœnis.

A une très-petite distance de Baies, je vois les côtes du golfe de Pouzzolle, que couvroient autrefois les maisons de plaisance des maîtres du Monde ; elles n'offrent plus maintenant que les débris de leur magnificence. Sur la côte de Pausilipe, qui s'unit avec celle de Pouzzolle, des nuances graduées de verdure forment des tableaux doux, tranquilles et amis de l'œil, et j'y distingue les ruines de la maison où César, au milieu de ses victoires, venoit demander à souper à Cicéron. L'aspect de ce site enchanteur et son printemps éternel, ont fait dire avec raison au poète napolitain, Saanazar, que c'étoit un morceau du ciel tombé sur la terre :

« *Un pezzo di cielo caduto in terra* »

Tout auprès de la maison de Cicéron, sont des bois où venoit chasser le plus voluptueux des Romains, ce Lucullus qui, pour le luxe et la table, mettoit les trois parties du Monde à contribution. Je compare, malgré moi, la position où je viens de me trouver sur cette malheureuse frégate la *Perle*, à celle de ce sibarite que rien n'a jamais troublé dans ses délices : je suis loin d'envier un sort qu'affadit la satiété ; mais tout ici-bas est compensé, et Lucullus n'eût certainement pas regardé comme une bonne fortune l'occasion qui, ce matin, au moment où j'arrivois ici, épuisé d'inanition et de fatigue, et dénué de tout, nous a procuré deux tasses de chocolat, dont monsieur C***. prit l'une dans la cafetière, et moi l'autre dans mon plat à barbe.

Lorsque je prolonge mes regards sur la cime des côteaux, au bas desquels chassoit Lucullus, je découvre confusément le tombeau de Virgile, peintre si touchant de la malheureuse Didon. Hélas! après l'espérance d'embrasser bientôt ma femme et mon aimable enfant ; après celle de pleurer de joie dans vos bras et les leurs, le plaisir de visiter l'asile de cette cendre immortelle, sera le dédommagement le mieux senti de tous mes maux : et déjà, sans avoir les Apennins à franchir, je m'écrie, avec le Virgile français :

» Oui, j'en jure Virgile et ses accords sublimes ;
» J'irai : de l'Apennin je franchirai les cimes ;
» J'irai : plein de son nom, plein de ses vers sacrés,
» Les lire aux mêmes lieux qui les ont inspirés. »

LETTRE VIe.

Du Lazareth de Naples, an 9.

On ne vit, mon ami, ni de voeux ni de souvenirs : mon estomac m'avertit de cette vérité un peu terrestre, au moment où je cessois de m'entretenir avec des morts immortels. Je voyois bien le patron de notre felouque, devenu tout-à-coup notre commissaire aux vivres, s'occuper d'une distribution de biscuit et de viande salée qu'il devoit nous offrir de la part du roi des Deux-Siciles ; mais malheureusement, des dents ébranlées et une affection scorbutique ne me permettoient pas de profiter de cette munificence royale ; il falloit prendre des arrangemens pour une nourriture plus saine: Nous avons donc fait venir ce matin un cabaretier des environs, qui, moyennant six francs par tête, s'oblige (foi de cabaretier napolitain) à nous nourrir convenablement, M. C***. et moi, notre commis et notre domestique. Il terminoit avec nous un marché, pour lequel il exigeoit durement des avances, et se donnoit même le plaisir de nous témoigner sa haine et son mépris, lorsqu'un de nos matelots annonça qu'une felouque abordoit au bas de notre donjon. Je tourne les yeux de ce côté ; et malgré la hauteur, je distingue l'uniforme de notre nation, au milieu de plusieurs uniformes napolitains : c'est un Français ! m'écriai-je. A ces mots, tous mes compagnons se précipitent spontanément avec moi au bas de la tour ; nous avançons vers la felouque, et demandons tous à-la-fois à cet officier, s'il n'est pas Français. *Oui, citoyens, je suis B***. aide-de-camp du général Murat ; j'ai reçu votre lettre, et je m'empresse de venir vous offrir tous les secours dont vous avez besoin.* Philoctète, abandonné sur le rocher de Lemnos, lorsqu'il y revit des Grecs et reconnut leur langage, n'éprouva pas une émotion plus profonde que la mienne : je tressaillis à ces accens, qui retentissent encore au fond de mon cœur.

La réception que nous préparoient les Lazzaroni, si nous fussions descendus à terre ; la lâche insolence de notre cabaretier, et de tout ce qui nous entouroit, nous présageoient trop de dangers, pour ne pas sentir le bonheur de trouver à Naples un protecteur naturel de tout Français. Celui-ci est un jeune homme plein de franchise et d'honneur, qui, dès qu'il nous vit, n'eut pas de besoin plus vif que celui de nous être utile. Instruit par le ton pénétrant de notre lettre, et par des détails donnés verbalement de tout ce que nous avions eu à souffrir, il s'est empressé de nous consoler, et de venir au-devant des besoins qu'il nous supposoit, comme dit si bien le bon Lafontaine :

» Il nous épargna la pudeur
» De les lui découvrir nous-mêmes,

et avec cette crainte des ames délicates qui tremblent d'offenser, lors même qu'elles ne cèdent qu'au plaisir d'obliger, il nous fit les offres les plus sincères ; quoiqu'elles nous aient pénétrés de reconnoissance, nous les avons cependant refusées, parce que, munis de la lettre de crédit de notre commodore, il nous paroissoit plus convenable de puiser dans la bourse du négociant que dans celle d'un aide-de-camp français, ordinairement assez légère. Nous l'avons chargé seulement d'être notre interprête auprès du gouvernement napolitain, qui semble oublier à notre égard, que l'armistice n'est que le préliminaire d'une paix qu'on dit même déjà signée. Il s'est fait fort d'obtenir pour nous l'autorisation de descendre à terre, d'y prendre quelques jours de repos, d'y rester libres, et de repartir, en un mot, lorsque nous le jugerons convenable. Quant à notre équipage, comme il ne demande pas mieux que d'être transporté, par mer, dans un port de France, le citoyen B***. s'est chargé aussi d'en obtenir les moyens du gouvernement napolitain; et il ne nous a quitté qu'après nous avoir rassurés sur nos dangers et nos besoins. Il a fait bien plus, mon ami, il m'a promis les moyens de vous faire parvenir promptement et sûrement de mes nouvelles. C'est par les soins de ce brave jeune homme que vous saurez que le meilleur de vos amis existe encore à l'une des extrémités méridionales de l'Europe; c'est par lui que vous apprendrez, que lorsque j'étois sur la *Perle*, aux portes de la mort, bien moins malheureux par mes douleurs physiques que par l'amertume de mes regrets, l'idée que je me faisois des vôtres, ajoutoit aux miens un poids insupportable. Hélas! je suis encore à quatre cent lieues de vous; mais si, pendant que je m'en éloignois, le plus grand de mes tourmens fut de me défendre des tendres souvenirs d'une amitié dont je n'allois plus jouir; si au moment de quitter ce monde, je sentois bien moins l'horreur de ce terrible passage que le regret d'y laisser un ami tel que vous, jugez de ce que j'éprouve aujourd'hui, que je me dispose à m'en rapprocher ! Quelle que soit la longueur de la route, quels que soient les dangers qui m'y attendent, je n'en vois plus que le but ; et votre souvenir, qu'ont suivi jusqu'ici des regrets si amers, ne s'offrira désormais à moi, qu'avec le cortége de l'espérance.

LETTRE VIIe.

Du Lazareth de Naples, an 9.

S'IL n'étoit pas bien reconnu que la bassesse et la lâcheté sont les compagnes inséparables de l'insolence ; si je ne savois pas que les hommes, que le malheur n'attendrit jamais, sont toujours prêts à se prostituer devant le crédit, la puissance et la considération, la visite du cit. B***. et des officiers supérieurs qui l'accompagnoient, m'en eût fourni cent preuves. La familiarité amicale avec laquelle il nous a traités, nous ayant tout-à-coup fait partager la considération dont sa mission l'environne à Naples, tous ces misérables qui, après nous avoir craché sur la figure, nous prodiguoient auparavant avec une lâcheté réfléchie, des marques de mépris, changeant en un instant de conduite et de langage, nous fatiguent maintenant des preuves mal-adroites de leur bienveillance, et nous révoltent par une servilité dégoûtante : nous ne sommes plus ces horribles *jacobini qu'il faut pendre et non enterrer.* Nous sommes des gens de considération ; on vient au-devant de nos désirs ; on cherche à deviner nos goûts ; et on ne nous traite plus que d'*excellenza*. Le changement, en un mot, est tel, que notre cabaretier, honteux d'avoir manqué de respect à son *excellenza* votre ami, est venu tout-à l'heure auprès de moi se confondre en excuses et en plates adulations, en me rendant les arrhes qu'il avoit exigées avec tant d'insolence. Cabaretiers, mariniers, gardes, napolitains en quarantaine, tous s'avilissant à l'envi l'un de l'autre, semblent s'honorer de la même bassesse. Le gouvernement lui-même, bien digne de ce peuple dégradé, devenu attentif à nos besoins, porte ses soins jusqu'à la cajolerie : il nous fait dire deux ou trois fois le jour, qu'il entend que nous soyons bien traités, et nous envoie tantôt un officier de port, tantôt un officier du bureau de santé, pour savoir de nous si ses intentions sont remplies. Il vient même de mettre à notre disposition une chaloupe armée, uniquement destinée à lui porter nos réclamations, et a ordonné de nous compter à chacun trois carlins par jour, c'est-à-dire, à-peu-près trente sous.

Quoique cette royale distribution, qui met nos matelots dans l'abondance, ne couvre pas, à beaucoup près, la moitié des vols que me font chaque jour les sujets très-fidelles, très-vils, très-superstitieux, et très-coquins de sa majesté Sicilienne,

Sicilienne, nous avions cru, M. C***. et moi, devoir la refuser, tant pour nous que pour notre commis et notre domestique ; cependant, bon gré mal gré, il a fallu céder à la munificence royale, et me voilà, malgré moi, ingrat envers un souverain dont j'accepte les bienfaits sans pouvoir, en conscience, lui rendre, en estime ni en reconnoissance, le prix de sa libéralité.

Si vous êtes surpris de tant de caresses de la part d'un gouvernement qui renouvelleroit avec plaisir sur les Français les vêpres siciliennes, je ferai bientôt cesser votre surprise en vous rappelant les circonstances politiques qui nous valent cette feinte hospitalité. La présence d'un officier français ici ; l'armée de Murat à une vingtaine de lieues ; le marquis de Gallo à Paris, pour y implorer la paix ; cette paix dont on a tant de besoin, se négociant actuellement à Florence : que de raisons, mon ami, pour caresser des Français qu'on regarde, je ne sais pourquoi, comme des gens de considération !

Cependant, à travers toutes ces caresses, nous appercevons toujours des traces d'une haine plus forte encore que tous les efforts simulés de la bienveillance et tous les artifices de la ruse. Les malheureux qui nous entourent n'ayant jamais appris à voiler, sous une politesse affectée, leurs véritables sentimens, en laissent à chaque instant transpirer le secret, et tout en eux nous avertit de leur mépris pour les Français en général. En faisant peut-être une exception pour nous, ils nous donnent chaque jour cent preuves de leur haine pour notre nation. Tout homme, je ne dis pas soupçonné de tenir aux Français, mais qui ne s'est pas ouvertement et violemment prononcé contre eux, est traité de *jacobini*. Dans le délire de leurs préjugés, tous ces malheureux, croyant s'honorer à nos yeux comme aux leurs, des assassinats commis à Naples, au moment de la contre-révolution, souriant encore à la difformité de leurs crimes, nous en tracent les odieux tableaux avec un plaisir et une ostentation trop franche pour ne pas nous inspirer au moins autant de pitié que d'horreur; et ce qu'il y a d'affreux, ce qu'il y a de désespérant, c'est que les hommes les plus doux d'entre eux, ceux qui nous marquent une bienveillance plus constante et les soins les plus délicats, ceux que par-tout, en un mot, on appelleroit de braves gens, au nom seul de Français, de liberté de religion, deviennent des espèces de tigres. Ils nous parlent naïvement de leurs vengeances comme de leurs triomphes; ils nous tracent, avec une volupté de cannibales, le tableau des tortures exercées contre leurs victimes. D'un geste hideux, ils nous rappellent les coups de poignards qui les immoloient; et, le dirai-je? ils sourient presque innocemment à ces souvenirs dignes des ministres de l'enfer.

C'est dans ces épanchemens sanguinaires que nous avons appris ce que vous ne croirez peut-être pas, ce qu'on n'a jamais vu, et ce dont on n'entendra surement l'aveu formel que de la bouche d'un lazzaron. Oui, mon ami, des lazzaroni ont rôti et mangé des membres humains; et ne croyez pas que ce soit là une exagération de mon indignation; de pareils spectacles se sont souvent et publiquement renouvelés au milieu de Naples après l'entrée de l'armée calabroise. Un brâsier allumé dans une des places voisines du palais, y a consumé des malheureux dont ces tigres se sont arrachés et ont dévoré les lambeaux! Ils ont bu des verres de sang humain! Une ville entière de cinq cents mille ames a vu ces horribles scènes! Une partie en a été terrifiée; une autre partie les a tolérées avec une joie secrète; et, ce qu'il y a d'inconcevable, une autre partie s'en vante encore publiquement !

Je n'ai point été témoin de ces déplorables excès, de ces actes de férocité encore sans exemple ; mais si je n'entendois pas des hommes s'en applaudir, il faudroit bien y ajouter foi, puisqu'ils mêlent naïvement à ces récits l'auguste nom de la religion, et croient n'avoir fait qu'obéir à sa voix. Ils se félicitent d'avoir résisté à l'exemple de presque tous les nobles, et d'être *demeurés bons chrétiens*. Pour nous en donner des preuves, ils nous montrent tous des croix, des crucifix et des images de la vierge incrustés sur différentes parties de leur peau avec une matière corrosive. Mêlant à l'apologie de leurs crimes des traits d'une horrible gaieté, quelques-uns d'entre eux trouvent même à ces assassinats un côté plaisant. Ils nous racontent que les Napolitains qui avoient fait couper leurs cheveux pendant l'existence de la république, ayant été obligés de prendre des fausses queues, pour n'être point traités comme des *jacobini* ; cette ruse, qui avoit déconcerté, disent-ils, un instant leur sagacité, devint bientôt une preuve infaillible de jacobinisme ; et comme une fausse queue en étoit l'indubitable livrée , on sautoit aux cheveux de tous les passans, et le malheureux dont la queue postiche cédoit à cette terrible épreuve, succomboit à l'instant sous le poignard, et étoit jeté dans un brasier.

Quoique ces détails ne me rassurent pas du tout sur le séjour que je compte faire à Naples, pour en visiter les monumens et les environs , je m'aperçois cependant que la haine dont ils honorent les Français n'a pas la même violence que celle dont ils poursuivent leurs compatriotes soupçonnés de jacobinisme. Sans être jacobin , comme vous le savez , et plein même de haine pour cette indigne faction, j'ai craint d'abord qu'ils n'en trouvassent la livrée dans mes cheveux coupés; mais ils me rassurèrent, en m'apprenant que le temps de ces épreuves étoit passé , depuis que le roi avoit fait grâce à tous ceux qui n'ont pas été pendus, brûlés, massacrés ou proscrits. Observez , mon ami, que les mêmes hommes qui nous parlent de leurs crimes avec tant de complaisance, ont refusé ce matin les debris d'une volaille que leur avoit offert notre domestique. Ce n'est qu'en tremblant, et après avoir flairé comme des chiens de chasse un plat de friture, qu'ils se sont déterminés à la manger. Ils ont tenu une espèce de conseil pour décider si elle étoit à la graisse ou à l'huile.

LETTRE VIIIe.

De Naples, an 9.

PENDANT que les lazzaroni eux-mêmes nous instruisent si franchement de leurs crimes, nous ne laissons échapper aucune occasion de connoître les détails sanglans de la contre-révolution, et d'étudier les mœurs de cette populace unique dans le monde. M. C***., mon compagnon, homme d'esprit, et qui parle un italien très-pur, est sur-tout bon à entendre dans ses colloques avec eux; et il est curieux de voir ces malheureux ramenés par la vérité de son langage, de l'empire de leurs préjugés sous celui de la raison. Tonnant avec indignation contre les profanateurs de la morale évangélique, il en peint les avantages avec une onction tellement communicative, qu'il les conduit toujours, à l'insu d'eux-mêmes, du besoin de la vengeance au pardon des injures. Vous gémiriez, mon ami, de leur surprise lorsqu'ils nous entendent parler de la religion sans l'outrager; c'est presque pour eux un miracle, que de voir des Français raisonnables sur ce point. Ils font même une telle exception de nous au reste de la nation, qu'ils disent partout que nous sommes des *gens lettrés* et de *bons chrétiens ;* c'est de M.C***. sur-tout, qu'ils sont véritablement enthousiastes. Il a réellement fini par leur persuader que depuis le consulat de Bonaparte, nous ne sommes plus ce que nous étions ; il en atteste la paix que leur roi, dit-il, n'eût pas signée sans cela ; et il n'a pas plutôt cessé de parler, que dans leur enthousiasme, ils s'écrient tous à la fois : « *Parla come Dio.* » Il parle comme Dieu.

Ces harangues sont d'autant plus efficaces qu'elles se trouvent en accord parfait avec les textes actuels des sermons de leurs prêtres ; car ceux-ci obéissant aux insinuations du gouvernement, et parlant tantôt pour Israël, tantôt pour Baal, nous peignent aujourd'hui comme les amis de la religion chrétienne, après nous avoir représenté comme ses persécuteurs. Instrumens du gouvernement, comme les lazzaroni sont les leurs, peu leur importe la vérité : ils nous détestent et chantent froidement nos louanges, par ordre et par intérêt, après nous avoir déchirés par inclination. Cela me rappelle le bon mot de cet Anglais, qui prétendoit que beaucoup de gens feroient l'éloge de la peste, si la peste avoit des dignités et des bénéfices à donner; et en effet, n'avons-nous pas vu parmi nous des gens faire par crainte, ou par intérêt, des odes à Marat ?

Malgré notre heureuse position pour recueillir des détails sur le caractère et les moeurs de la bizarre populace qui nous entoure; malgré la salubrité de l'air et de la nourriture, nous commençons à nous appercevoir plus d'une fois par jour, que nous sommes, ici, dans une prison; et que des hommes qui aiment l'étude ont dans une prison, sans livres, bien moins de distractions que d'ennui.

Que sont, d'ailleurs, pour moi quelques distractions passagères ? Pour en jouir pleinement, il faudroit que mon imagination ne me portât pas continuellement et avec un sentiment douloureux vers les tendres objets que j'ai quitté. Vous savez plus qu'un autre, mon ami, combien la séparation cruelle dont je me suis imposé la loi, tourmentoit mon ame, lors même que je n'en avois encore que le projet; mais vous ne pourrez pas vous faire une idée du poids accablant dont l'inutilité d'un si grand sacrifice l'a surchargée ! Soit que mon corps affoibli lui ait communiqué la même foiblesse, soit que long-tems agité par tant de sentimens contraires, j'aie plus facilement contracté l'habitude de l'émotion, je n'y retrouve pas un seul mouvement qui ne me punisse de cet accès d'ambition. Ah ! croyez-en, mon ami, ma triste expérience, et restez dans vos foyers ; dans des coeurs tels que le vôtre et le mien, l'amitié qui crie d'une voix bien plus forte que l'intérêt, y venge tôt ou tard de telles séparations, par des regrets dont je ne connois que trop les tourmens ! Qu'un célibataire s'expatrie, à la bonne heure ; que des cœurs glacés et flétris parcourent la terre : préservés par leur insensibilité même, ils n'en seront peut-être, sous certains rapports, que meilleurs observateurs ; mais l'homme qui chérit la douceur des liens domestiques, bientôt isolé dans ce monde, se sentira vingt fois le jour ramené aux besoins ordinaires de son ame. Il en appelera sans cesse les tendres objets ; et dans cette mutilation de lui-même, des regrets amers peseront sur lui, d'un poids plus douloureux peut-être, que le remords lui-même.

Fatigués déjà de notre oisiveté, et tourmentés de nos désirs, nous attendons avec impatience le moment de quitter notre donjon, pour visiter les lieux célèbres qui nous entourent. Grâces à la sensation qu'a fait, à Naples, notre arrivée, sensation que nous devons vraisemblablement au style mesuré, mais touchant et ferme à-la-fois de nos lettres, nous venons de recevoir, sur notre rocher, des consolations dont je garderai long-tems la mémoire. Le consul américain, le consul danois, le chevalier B***., mus uniquement par cet intérêt qu'inspire le malheur, sont venus nous visiter et nous faire des offres trop sincères pour ne pas en profiter.

Le citoyen B***. lui-même est revenu nous annoncer qu'une fois notre quarantaine finie, nous serions libres de descendre à terre, et que notre équipage seroit transporté à Gênes, aux frais du gouvernement napolitain. Nous n'avons plus à désirer que la décision du bureau de santé, qui doit nous tirer d'ici; et l'on nous la fait espérer pour après-demain. En voilà plus qu'il n'en faut, mon ami, pour transporter de joie de pauvres prisonniers; cependant, vous l'avouerai-je? les prévenances continuelles du gouvernement m'effrayent, non-seulement parce qu'elles ne peuvent être sincères; mais parce que l'espèce de recherche qu'il vient de mettre dans sa dernière attention, n'en décèle que mieux, selon moi, des projets qu'elle tend peut-être à couvrir. La maxime de Louis XI,

« *Qui ne sait pas dissimuler, ne sait pas régner* » renferme tout le secret de la politique ultramontaine ; et tout me dit qu'on veut en faire sur nous l'application.

Un de nos officiers s'étant plaint que l'huile que l'on distribuoit étoit de mauvaise qualité, nous en avons reçu, hier, un barril de la cuisine du prince royal : cette attention singulière, la réserve mystérieuse des officiers de santé vis-à-vis de nous, notre quarantaine, qui, causée uniquement par des raisons politiques, se prolonge cependant au-delà du terme qu'on nous avoit désigné, tout augmente mes inquiétudes.

Timeo danaos et dona ferentes.

LETTRE IXe.

De Naples, an 9.

Je suis prophète, mon ami, le ministre Acton est plus fourbe que Sinon, et je n'avois pas tort de regarder ses caresses comme des piéges, puisqu'il vient de tenter sur nous le plus perfide escamotage. Ce qu'il y a de plaisant dans cette tentative échouée, c'est que nous ne sommes sortis de l'arsenal, où il nous fit tous jeter à minuit, que pour passer dans un de ses palais et y dîner, à-peu-près malgré lui, de la table du prince royal.

Accipe nunc danaum insidias!

Un officier de santé nous ayant promis de revenir hier matin, pour nous donner ce qu'on appelle l'entrée du port, nous avions, en conséquence, prié le consul danois de nous envoyer une voiture pour nous en retourner par terre. L'officier de santé ne vint qu'à l'entrée de la nuit; la voiture fut arrêtée dans la route par l'ordre d'Acton, et nous fûmes tous, malgré nous, embarqués dans une felouque qui nous conduisit à l'arsenal, où nous arrivâmes à minuit. De l'arsenal, nous devions passer, le lendemain, sur un bâtiment destiné à nous transporter n'importe où, pourvu que ce fût hors des états de Naples.

Arrivés dans cette nouvelle prison, nous y fûmes, à-peu-près, traités comme Sancho dans l'isle de Barataria. Nous y trouvâmes des lits de camp, du pain, de l'eau, et force prévenances. Vainement, nous réclamions l'effet de la promesse d'Acton ; vainement nous représentions que c'étoit violer indignement le droit des gens, que de nous retenir prisonniers, après la signature de la paix. Le commandant ne répondoit autre chose à nos réclamations, sinon qu'il avoit des ordres pour nous recevoir avec toutes sortes d'égards, et qu'il en attendoit d'ultérieurs.

Le seul moyen d'échapper aux oubliettes, étoit de faire parvenir une lettre au citoyen B***. ; mais il n'étoit pas d'une facile exécution. Tenté vainement par la séduction si puissante de l'argent, il n'opéra rien. La crainte glaçoit tous les cœurs ouverts à l'intérêt ; et nous dûmes cet inappréciable service à la bienveillance qu'on porte involontairement à des hommes pour lesquels on a souffert. Un soldat de marine, d'origine française, et auquel cette circonstance seule avoit valu le titre de *jacobin*, titre que la vengeance fait payer si cher à Naples, vint nous l'offrir lui-même; devenu notre ami, presque en nous voyant, et se trouvant heureux des légers services qu'il nous rendit, au moment même où nous arrivâmes, il nous offrit de se charger de notre lettre, s'en chargea, et nous rapporta la réponse au point du jour. Le citoyen B***. indigné de la perfidie dont nous lui faisions part, nous promettoit notre liberté dans une heure au plus tard; il avoit écrit, nous disoit-il, au ministre Acton, d'un style qui ne lui laissoit aucun doute sur le résultat de sa lettre. Il avoit raison, car une heure après, nous étions libres, et notre équipage étoit embarqué. Voici les motifs de cette violation sacrilége:

La paix qui venoit d'être signée, exigeant qu'on mît un terme à des vengeances sans fin, Acton vouloit les exercer toutes à la fois, avant l'arrivée de l'ambassadeur français. Il calculoit que le citoyen B***. devant quitter cette ville, nous resterions les témoins importuns de ses fureurs (car nous étions assurément les seuls Français existans alors dans tout le royaume), et il trouva tout simple de s'en délivrer par un escamotage.

Le brave soldat qui nous avoit servi avec tant de zèle, ne nous vit pas sortir sans inquiétude : il craignoit, me disoit-il, que mes nageoires et mes cheveux coupés ne me fissent reconnoître pour un Français ; et pour me soustraire à ce danger, il me conseilloit de me faire faire une fausse queue. Son avis étoit bon, mais tous les perruquiers de Naples et des Deux Siciles réunis, ne seroient pas venus à bout de m'en attacher une : quoiqu'il me fût facile d'y suppléer par une perruque, je me sentois trop humilié d'une telle précaution, et préférai les dangers prétendus ou réels auxquels je m'exposois, à cette burlesque mascarade.

Notre soldat, qui se multiplioit pour nous servir, nous conduisit dans un hôtel tenu par un Français, qui résidoit à Naples depuis trente ans; et nous n'y fûmes pas plutôt rendus, que nous y reçûmes un billet d'invitation du cit. B***. pour dîner avec lui. Le citoyen B***., pour lequel le gouvernement napolitain avoit tous les egards dus au rôle important qu'il remplissoit, étoit aussi comblé de cette espèce d'attention qui voile une grande peur, sous une grande politesse ; et comme il logeoit dans un palais d'Acton, où l'on le servoit de la table du prince royal, nous trouvâmes très-

piquant

piquant de nous voir tout-à-coup fêtés chez un ministre qui venoit de faire sur nous une tentative de son despotisme. Echappés aux oubliettes qu'il nous destinoit, le hasard nous procura encore le plaisir de le savoir instruit à l'instant de notre petit triomphe; car son secrétaire, qui vint voir le citoyen B***., nous trouva à table, faisant honneur à l'auguste cuisine; et je lui observai, un peu méchamment, qu'elle valoit bien celle de l'arsenal.

Il ne fut pas plutôt sorti, que nous nous livrâmes aux jouissances que la circonstance nous procuroit. Mis à notre aise par les bontés et la franchise militaire du citoyen B***, nous demandions gaiement du Bourgogne et du Bordeaux, ou d'autres espèces de vins, que nous ne trouvions pas toujours bons, grâce à la friponnerie des valets, qui nous les changeoient vraisemblablement. Rappelés malgré nous, par un si singulier contraste, au souvenir de nos misères passées, nous les comparions à notre état présent. Vous trouverez surement comme nous, la liberté de nos jugemens sur la cave et la cuisine royale, très-plaisante. Cette espèce de débauche, mon ami, nous la faisions un samedi-saint; et tandis que tout le royaume, sans exception, terminoit religieusement le carême, le cuisinier du prince, dirigeant doucement vers l'enfer, deux ames, dont les corps avoient échappés à Acton, le plus digne de ses ministres, nous mettoit indignement sur la conscience, des pâtés, des perdreaux et des faisans.

A ce grave inconvénient près, nous n'eûmes pas à nous plaindre de cette journée. Les voitures ne roulant pas dans la ville, et le prince héréditaire lui-même visitant les églises à pied, accompagné de sa femme et de la partie de la cour qui n'étoit pas à Palerme, nous fûmes introduits dans l'enceinte brillante que lui formoit un régiment des gardes. Il nous fut facile de considérer à notre aise le tableau bizarre d'un peuple tout entier remplissant les fenêtres et se précipitant dans les rues pour voir un prince et une princesse s'humilier ce jour-là, au point d'aller à pied. Il est vrai cependant, que le citoyen B***. fixoit au moins autant qu'eux cette curiosité. Ma tête à la *Titus* étoit aussi un objet d'attention; et quand nous n'eussions retiré de cette longue promenade, que l'avantage d'être généralement reconnus pour être des Français, nous eussions dû cependant nous en applaudir. Si ce n'étoit pas là une sauve-garde assurée contre la fureur des Lazzaroni, c'étoit du moins un titre de plus à la protection des autres classes de la société. Par-tout, en effet, où nous nous sommes présentés les jours suivans, aux églises, à la promenade, aux spectacles, on nous a traité avec une sorte de considération qui ne nous a pas été inutile. J'avoue que nous n'avons plus circulé dans la ville qu'en voiture, et qu'ici comme dans toute l'Italie, un carrosse commande machinalement la déférence et les égards pour son heureux possesseur; c'est presque même la marque distinctive et indispensable d'un gentilhomme, qui se croiroit déshonoré de fouler en public l'heureuse terre qui le porte. L'empire de cet usage puérile, qui fait d'un meuble commode, un attribut de la considération, est porté à un tel point dans tous les états de Naples, que M. C***., mon compagnon, a connu à Palerme, un gentilhomme qui, n'étant pas assez riche pour entretenir une maison, s'étoit logé et mangeoit chez des moines, pour conserver les moyens d'aller en voiture. Ce meuble, en un mot, est ici le dernier asile de la vanité poursuivie par la misère. Ce qu'il y a de singulier, c'est que c'est bien moins la richesse et l'élégance d'un carrosse, que le carrosse lui-même qui commande cette espèce de considération; car rien n'est plus ordinaire que de voir aux promenades brillantes de la côte de Pausilipe, de mauvais carabas, pires que ceux qui conduisent de Paris à Versailles, précéder ou suivre les voitures les plus élégantes, sans que personne soit choqué de cette bigarrure. La vanité, dans ses inépuisables combinaisons, en trouve toujours de favorables à ses calculs, et le gentilhomme qui étale cette misère fardée, s'imagine que le peuple n'y voit que l'origine antique de sa naissance ou les titres d'une fortune bornée, il est vrai, mais qu'on ne peut du moins accuser d'être nouvelle.

Ce genre de vanité se modifie et se reproduit ici dans tous les usages. A un luxe élégant et commode, on préfère l'apparat et toutes les entraves de la représentation. La propreté, la grâce, la simplicité noble le cèdent toujours à la dorure, au clinquant et à l'oripeau. Pourvu qu'on étale un luxe fastueux, on s'embarrasse peu des commodités de la vie intérieure. Il n'est pas rare, mon ami, de voir ici des nobles qui n'ont que deux domestiques, en mettre trois ou quatre derrière leurs voitures; ces prétendus valets sont tout bonnement de pauvres diables qu'on couvre d'une livrée, au moment où son excellenza monte en voiture. Ils la déposent à son retour, et s'en retournent dans leurs galletas, après avoir reçu pour ce mince service, à-peu-près de quoi souper.

Les grands, les plus riches, victimes eux-mêmes de cette manie puérile, possèdent de magnifiques palais, dont ils ne sont, pour ainsi dire, que les gardiens. Leurs salons, remplis des chefs-d'œuvres de la sculpture et de la peinture, sont livrés, purement par ostentation, à la curiosité des étrangers, tandis que retirés dans leurs plus mauvais appartemens, ils y vivent seuls, et aussi mesquinement que le plus mince bourgeois. Faire effet autour de soi, est le genre de bonheur après lequel tout le monde court ici ; au lieu de se mesurer et de s'apprécier soi-même, on cherche dans les regards du vulgaire, l'importance qu'il vous donne. Aussi les liens du cœur et les affections de l'ame ne sont-ils comptés pour rien dans cette existance consacrée toute entière aux illusions de la vanité. C'est des Napolitains, sur-tout, qu'on peut dire :

> Et pour l'air d'être heureux, perdant le droit de l'être,
> Ils se font indigens de peur de le paroître.

Cette manie du faste et de la représentation, dépeuple le royaume des plus riches propriétaires, pour en surcharger la capitale. Ils viennent y dissiper, dans ce luxe ruineux, le produit des provinces entières qu'ils possèdent. Leurs enfans, les filles sur-tout, martyres de cette déplorable folie, vont ensuite en expier les résultats dans la solitude des cloîtres ; et par un usage tout aussi cruel, les jours qui précèdent cette abnégation forcée, sont ici des jours d'apparat. Des festins, des concerts, des promenades, d'élégans équipages, tous les colifichets de la parure ennivrent la victime de toutes les joies mondaines ; après qu'on l'a bien abreuvée des amertumes de son sacrifice, lorsqu'elle est prête à suffoquer de regrets, elle entre enfin dans les voies silencieuses de la pénitence, au son d'une musique voluptueuse, et marche au bruit des grelots de la folie, vers le tombeau qui va la recevoir toute vivante.

LETTRE X^e.

De Naples, an 9.

Je pensois, mon ami, que l'immense foule qui, le samedi saint, couvroit les rues où passa le cortège du prince royal, s'y étoit transportée de toutes les parties de la ville, pour assister à cette espèce de cérémonie. Je ne reviens pas de mon étonnement, lorsque je vois aujourd'hui tous les quartiers de Naples également surchargés de cette multitude oisive qui offre, par-tout, le spectacle affligeant de la misère et de la nudité. Aucune ville de l'Europe ne présente le déplorable tableau d'une si nombreuse population, dans une si excessive pauvreté. Figurez-vous une fourmilière en mouvement ; c'est la seule comparaison qui puisse en donner une idée ; et pour en reconnoître la justesse, il suffit de savoir que cette capitale, qui n'a pas en surface la moitié de Paris, a pourtant une population presque aussi grande.

L'étranger qui arrive ici pour la première fois, ne voyant à côté d'un luxe éblouissant, que haillons, dénuement et nudité, sur une terre que le ciel semble caresser, gémit de ce triste rapprochement. Nulle ville, en Europe, ne présente la nature humaine dans un tel état d'opprobre et d'abjection. Certainement, mon ami, les habitans les plus misérables de nos faubourgs béniroient leur sort, s'ils pouvoient être les témoins de cette horrible pauvreté.

Ce douloureux contraste du faux éclat et d'une misère qui ne peut se dépeindre, m'a d'abord surpris une pitié dont, en vérité, je n'ai pas le droit de m'honorer, tant l'effet de ce tableau l'appelle involontairement. Peut-être eût-il été consolant de m'y livrer; mais lorsque je me rends compte de l'origine et de la durée de cette espèce de fléau; lorsque je songe que, produit par une invincible paresse, ce sont l'incurie, la prodigalité, et tous les vices, en un mot, qui le perpétuent; lorsqu'il est prouvé que tous ces malheureux, presque fiers de leur crapuleuse oisiveté, refuseroient avec dédain l'honorable travail qui pourroit les en tirer; lorsqu'on songe que de tout tems, ils furent les vils instrumens des passions, et qu'ils vendent encore, à la jalousie, des coups de stilet, qu'on leur paie seulement un peu plus cher qu'une commission ordinaire; lorsqu'enfin je me rappelle que, jacobins après l'entrée de Championnet, royalistes au retour du roi, parjures, voleurs, assassins, fanatiques et bourreaux, ils semblent s'honorer de tous ces titres, ma raison se soulève contre ma sensibilité ; je me reproche presque ma commisération pour eux, et finis par gémir de ne pouvoir, sans être en quelque sorte coupable, porter à ces misérables un intérêt que le vice alors usurperoit sur le malheur. Leurs crimes, en effet, par leur nature et leur nombre, vont presque jusqu'à l'invraisemblance. C'est avec une espèce de volupté qu'ils trouvent ou font naître des occasions de massacre ; le sang paroît être leur premier besoin. Nobles, prêtres, moines, marchands, et jusqu'à des émigrés français, tout ce qui, avant l'arrivée de Championnet et après l'entrée du cardinal Ruffo, est tombé dans leurs mains, a été impitoyablement massacré. A la première de ces deux terribles époques, les jours qui suivirent ou précédèrent leur défaite, n'éclairèrent que des scènes d'un carnage gratuit et sans but : c'est au point que, dans l'effroi dont toute la ville fut glacée par tant de forfaits, les hommes tranquilles, que leur caractère et leurs principes auroient éloignés de tous les partis, furent obligés de se joindre aux révolutionnaires, et d'appeler avec eux l'armée française. Le prince Moliterno lui-même, qu'ils venoient d'élire leur chef, épouvanté de leurs fureurs, se vit forcé de les abandonner; et ce qui prouve toute leur perversité, c'est qu'après avoir combattu Championnet, après avoir mis en fuite le vice-roi Pignatelli, et Mack lui-même qu'ils accusoient de trahison, ils furent immédiatement piller le palais du roi, au nom duquel ils venoient de combattre.

Je ne sais, mon ami, quel jugement j'aurois porté sur cette race parasite, avant les crimes dont elle s'est souillée; mais chaque fois que je réfléchis sur ses misères et ses vices, je me retrouve toujours dans la situation péniblement contradictoire, d'un homme obligé de condamner, lui-même, des mouvemens qu'il sent pourtant devoir l'honorer. Cette voix intérieure de la pitié qui me parloit d'abord avec tant de force en faveur de leur misère, me crie aussi, que des hommes qui ont mis une espèce de volupté à tremper leurs mains dans le sang de leurs semblables, se sont, par cet acte seul, séparés de l'humanité. Quand il seroit vrai que la superstition les eût portés à tant de forfaits, je ne vois que l'expiation des remords pour les en absoudre; et n'est-il pas bien prouvé que cette superstition elle-même, d'accord avec leur perversité naturelle, les y rend inaccessibles ?

Ne croyez pas au reste, que le travail manque aux Lazzaroni ; ils refuseroient toute occupation honnête, si elle étoit continuelle. Ils n'exercent pas d'autres métiers que ceux de bateliers, porte-faix, commissionnaires, revendeurs de fruits et de légumes, encore n'y consacrent-ils que quelques heures de la journée. Naturellement sobres, ils deviennent intempérans dès qu'un heureux hasard a garni leur bourse de quelques écus, et tant que dure leur pécule, ils satisfont à toutes leurs fantaisies, sauf à souffrir ensuite le besoin, ou à vivre des distributions de soupe dont les nombreux monastères alimentent ici le vice et la fainéantise. Si une filouterie, un vol ou un coup de stilet les a mis dans une espèce d'abondance, ils dorment, se reposent, regardent passer le monde, prennent des glaces et se promènent dans des calèches, qu'ils mènent avec une effrayante rapidité. Aussi voit-on, à toutes les heures du jour, les environs de Naples et ses rues populeuses, couvertes de ces voitures légères, menées par des hommes en haillons. Imaginez-les assis sur un siége dont les dehors sont presque toujours dorés ; figurez-vous les lambeaux de leurs vêtemens que la vîtesse de leur marche agite en tous sens ; représentez-vous cette peau tanée qui les feroit prendre pour des mulâtres, et voyez si cette livrée de la misère, en contraste avec le luxe d'une voiture, n'offre pas le plus bizarre des tableaux. Cependant la plupart de ces malheureux n'ont ni asile, ni demeure fixe; ils couchent sous des portiques, sous des auvents, sous des péristiles, et jusques sur des quais? Pendant l'hiver, qui se réduit ici à quelques jours de pluie, ceux qui n'ont pas de gîte, se retirent dans les cavernes de *Capo di Monte*, et y demeurent entassés les uns sur les autres, à-peu-près comme du bétail parqué. Ne rien faire est pour eux un tel bonheur, qu'ils l'achètent par toutes sortes de privations; et comme le mal est toujours à côté du bien, c'est la fertilité du pays elle-même, c'est l'abondance des légumes et du poisson, c'est le bas prix des denrées, qui, en leur donnant les moyens d'exister avec quatre ou cinq sols par jour, perpétue cette espèce de lèpre.

Montesquieu observe que ces malheureux qui manquent de tout, tremblent à la moindre éruption du Vésuve. En effet, la corde au cou et la tête couverte de cendres, ils remplissent alors les rues, et conjurent par des processions, les maux dont les menacent les vomissemens terribles du volcan. Ces prières, à la vue du péril, donnent véritablement une idée juste de leurs préjugés religieux. Tous les actes qu'ils font au nom de la religion, ils les regardent comme des expiations efficaces de leurs fautes. L'empire de l'habitude a même établi à cet égard, dans leur conscience, une espèce de compensation qui les tranquillise. Ils ont commis un vol, mais ils ont entendu la messe; ils ont assassiné, mais la communion lave le sang versé; et dans leurs comptes ouverts avec le ciel, la balance se fait toujours, au besoin, par un acte de contrition.

Cette superstition si commode, qui perpétue des vices qu'elle excuse, et qui sanctifie des crimes qu'elle commande, doit, un peu plutôt, un peu plus tard, tourner contre les hommes coupables qui l'alimentent. On connoît la foi que tous ces malheureux avoient à Saint-Janvier; mais on ne sait pas assez qu'ils sont entièrement détrompés sur la puissance ou la bonne volonté de ce saint. L'église où il reçut tant d'hommages n'est plus qu'une solitude, et Saint-Antoine, son heureux rival, est aujourd'hui presque exclusivement en possession de leur confiance. Qui oseroit assurer que cette épreuve ne leur ouvrira pas enfin les yeux ? . . . D'ailleurs, l'amour seul du pillage ne leur donnera-t-il pas un jour l'idée de ressaisir le pouvoir terrible dont les avoit imprudemment armés un gouvernement qui tremble aujourd'hui au souvenir de leurs excès ? Si l'histoire de Mazaniel a prouvé ce dont étoit capable par lui-même un corps si nombreux ; si la fin tragique de cette espèce de tribun ivrogne, devenu presque leur roi, a démontré la facilité de faire mouvoir cette troupe féroce, contre ses propres intérêts, que ne feront pas un jour les passions qui fermentent aujourd'hui dans Naples, lorsqu'elles tenteront de mettre en œuvre ces terribles instrumens ? Ce misérable pêcheur, fanatique et ignorant, comme tous les hommes de sa classe, régna dans Naples, à la tête de 150 mille hommes, qui lui avoient dressé un trône sur la place publique. Il n'en descendoit que pour aller au cabaret, ou monter en chaire, et y débiter des extravagances de tous les genres. Assassiné le neuvième jour de son règne, par les ordres du duc d'Arcos, vice-roi, sa mort ne causa pas le moindre mouvement ; mais cette multitude, saisie trois jours après de regrets, courut en foule, vers son tombeau et déterra son corps, pour le livrer à la vénération publique. Ce fut là le seul résultat d'une révolution qu'avoit bien justement provoquée l'oppression de la gabelle.

Plus on réfléchit sur l'existence de cette population exubérante, plus on tremble sur les excès auxquels son ignorance même expose la ville singulière qu'elle surcharge du double poids de ses vices et de son oisiveté. Naturellement lâches, ces misérables, au nom de Saint-Janvier, nommé généralissime des troupes napolitaines, trouvèrent cependant un instant de courage, et vinrent corps à corps se mesurer contre l'armée française. Vaincus, comme ils devoient l'être, par la discipline unie à un courage supérieur, Championnet ne les contint entièrement, que par les efforts d'une politique très-adroite ; il leur promit que la religion et Saint-Janvier seroient respectés. Il rapprocha de lui les plus influens, et éleva même au grade de colonel, un de leurs patrons. Ce pauvre diable, nommé *Miquel*, qui avoit d'ailleurs dans le caractère une modération qui n'est pas ordinaire aux hommes de son espèce, lui fut extrêmement utile. Organe des projets de ce général, il les présenta sans cesse à ses camarades, comme favorables à leurs intérêts, et contint par ses conseils, les explosions de leur fanatisme. Croiroit-on que ce même Miquel, qui servoit de bonne foi les Français, et qui servit peut-être encore davantage le roi de Naples, dont il a préservé la capitale d'une destruction complète, a passé du généralat à la potence ? Il fut pendu au moment de la contre-révolution.

Une des choses qui m'étonne le plus ; c'est la sensation prodigieuse qu'a fait le général Championnet sur cette classe d'hommes. Pendant son séjour à Naples, il avoit eu la bonne politique de se prêter à ses idées. Il témoignoit à ses patrons une déférence toute particulière ; il visitoit de tems en tems Saint-Janvier, et entendoit publiquement la messe. Cette conduite avoit tellement gagné leur attachement, qu'ils le portèrent presque jusqu'aux adorations. Chaque fois que Championnet sortoit, ceux qui pouvoient l'approcher, se précipitoient sur ses bottes, et se trouvoient heureux de parvenir à les baiser. Ils ne parlent encore de lui qu'avec vénération. Tous le considèrent comme un homme supérieur, doué de tous les talens et de toutes les vertus ; et, soit que le mérite qu'ils reconnoissent chez un Français les importune, soit qu'ils regardent naïvement la France comme incapable d'en produire le

germe

germe, ils soutiennent que Championnet est d'origine napolitaine ; ils lui ont même fait une espèce de généalogie, et ne se consolent réellement pas de sa mort. Ainsi, voilà le général français vainqueur du généralissime napolitain Saint-Janvier. Qui sait même si ce grand saint, cet antique patron du royaume, déchu aujourd'hui de toutes ses dignités, ne sera pas un jour remplacé par Saint-Championnet ?... Le fait seroit plaisant ; mais il ne seroit pas plus invraisemblable que tant d'autres de ce genre.

LETTRE XIe.

De Naples, an 9.

Les temps sont bien changés, mon ami; ce peuple dont Voltaire a dit :

> Il fait bien plus de cas du sang de Saint-Janvier,
> que de la cendre de Virgile,

n'a guère plus de respect aujourd'hui pour le saint que d'amour pour le poëte. Voici la cause de cette étrange défaveur. Vous savez que tous les ans, le miracle de la liquéfaction du sang de ce grand saint s'opère ici dans sa chapelle; la populace croyoit bonnement, qu'indigné du séjour des Français, Saint-Janvier refuseroit ce tribut annuel de complaisance; heureusement ou malheureusement, Championnet a ordonné aux prêtres *que le miracle se fît*; *et le miracle s'est fait* : le saint ayant, qui plus est, sur l'épaule une écharpe tricolore; *indè iræ.*

Ces détails, mon ami, ressemblent tellement à des fables, que vous aurez peine à y croire: cependant comme tout les atteste, comme tout ce qui m'entoure, grands et petits, fanatiques ou modérés, en reconnoissent l'authenticité, et que la solitude même de Saint-Janvier la confirme, il faudra bien encore vous armer de crédulité pour le fait suivant, non moins vrai et non moins extraordinaire.

La veille de la fête d'un saint très-révéré à Naples, le peuple a coutume de couvrir l'image de ce saint, de riches habits. Il y a quelques années qu'un Lazzaron moins dévot ou plus hardi que ses confrères, s'avisa, pendant la nuit, de dépouiller l'objet d'un culte si fervent. Le lendemain grand trouble, grande rumeur; les Lazzaroni s'assemblent en foule, ils obstruent toutes les rues environnantes, et bien moins indignés contre le coupable auteur de ce sacrilége que contre le saint lui-même, ils le précipitent de sa niche, et dans leur fureur, le traînent jusques devant le palais du roi. Sa majesté Sicilienne troublée par cette sainte insurrection, se met à son balcon pour en connoître la cause. Des orateurs inspirés par un zèle brûlant se plaignent éloquemment de la négligence d'un saint qui ne sait pas même défendre ses culottes, gages irrécusables de leur dévotion, et ils concluent à ce qu'il soit conduit en prison. Soit par prudence ou par conviction, sa majesté faisant aussitôt droit à leur demande, y condamne le saint pour quelques jours, et calme l'émeute par ce jugement digne de Salomon.

A ces traits, dont il est impossible de contester la vérité, vous devez juger de cette populace. Condamnée par son ignorance, par ses fureurs, par son fanatisme, à des crimes inutlles pour son intérêt, il est impossible que tôt ou tard, elle ne devienne pas un instrument de révolution. Ce qu'il y a de pis dans la condition de ces misérables, c'est qu'elle les a rendus dignes d'elle ; qu'elle leur fait aimer leur paresse, et qu'ils sont fiers d'une religion, sublime il est vrai, par sa morale, mais dont ils ne connoissent que les pratiques minutieuses.

Croiroit-on qu'un peuple si superstitieux et si léger, opiniâtre seulement dans ses inconséquences, s'est pourtant opposé sans cesse à l'établissement de l'inquisition ? Inébranlable devant les foudres de l'église, pour laquelle il combat, commet des forfaits inouis et meurt avec courage, rien n'a jamais pu vaincre sa répugnance à cet égard. Explique qui le pourra ce phénomène, quant à moi j'y renonce, car il sort des voies ordinaires du cœur hmain.

Ce seroit une erreur, que de juger tous les

Napolitains d'après cette classe ; cependant s'il existe une différence entre elle et le reste de la nation, ce n'est que par des nuances quelquefois très-légères ; et tous les habitans partagent plus ou moins cette singulière crédulité. Si la superstition n'est pas aussi extravagante dans les classes plus élevées de la societé, elles n'en sont pas du moins exemptes ; l'ignorance est à peu près générale ; il existe même des provinces entières, où peu de personnes savent lire. Excepté quelques arts, tels que la peinture, l'architecture, et la musique sur-tout, Naples n'a dans la guerre, dans l'administration, dans les finances et dans la politique, aucun homme à citer. Carraccioli seul, faisoit une exception unique à cette disette générale d'hommes instruits. Mais le comte de Tourno, son ennemi particulier, qui lui succède aujourd'hui dans le commandement de la marine, sans le remplacer, jouit maintenant en pleine sécurité de conscience de la place de cet homme précieux, à la mort duquel il a contribué plus que personne.

Si l'on excepte encore le marquis de Gallo, ambassadeur à Paris, et le chevalier Micheroux, qui a négocié la paix à Florence, on ne trouve ici personne pour remplir les places les plus importantes; le royaume, toujours tributaire des talens étrangers, est forcé de s'y confier entièrement. Dans cette dernière guerre, un général autrichien a succédé au général Mack, qui étoit Irlandais ; et pour le seconder, on n'a trouvé que le vicomte Damas, émigré français, plein de courage et de talens. C'est le lieutenant général Bourcard, officier suisse, qui est entré à Rome ; enfin, lorsque le roi de Naples voulut avoir une marine, il fut forcé de recevoir de la Toscane, cet Acton, connu alors par quelques actions de courage, trop célèbre depuis par ses perfidies, ses talens, et par un pouvoir à peu-près sans bornes dans un Royaume dont il a toujours sacrifié les intérêts à ceux de l'Angleterre.

Dans ce moment-ci même, on ne voit guère en place que des Toscans qu'Acton y a élevé. Le gouvernement qui avoit déjà donné, il y a quelques années, un aveu d'impuissance, en confiant à M. de Salis, officier étranger, le soin d'une refonte générale du système militaire, vient d'en donner un second tout aussi formel. Sentant parfaitement l'ignorance et la dégradation des officiers et de l'armée, et croyant bonnement à la possibilité d'organiser une discipline à l'instar de celle des Russes, il a créé nouvellement un superbe régiment, qui, instruit à de brillantes manoeuvres par les officiers de cette nation, offre en effet, un coup d'œil et une tenue magnifique., Il ne lui manque que du courage, et sur-tout un autre véhicule que la dévotion au successeur de Saint-Janvier.

Cet aveu de foiblesse, ne produira ou plutôt n'a déjà produit qu'une tentative inutile. Les soldats Napolitains, accoutumés au joug d'une religion qui leur offre une absolution facile de leurs vices, supportent impatiemment celui des coups de bâton. Dégoûtés d'une discipline trop sévère pour eux, découragés sur-tout par la dureté du prince *de la Catholica* leur colonel, ils désertent par centaines, et ce beau corps qui devoit être de dix-huit cents hommes, n'en a pas aujourd'hui plus de quatre cents.

Dans l'absence de toutes les idées libérales, dans la dégénération de tous les sentimens nobles, comment le gouvernement pourroit-il espérer d'avoir jamais de bons soldats, tant que leur état, loin de jouir d'aucune considération sera au contraire le plus méprisé de tous? Une mère ici ne se croit pas plus déshonorée d'avoir un fils aux galères, que d'en avoir un soldat dans un régiment. On ne cherche ni à élever les militaires à leurs propres regards, ni à les animer par quelque véhicule honorable; l'on souffre même, comme une chose toute naturelle, que les riches, qui surchargent le derrière de leurs voitures de valets, les couvrent d'un habit de fantassin ou de hussard.

Cette faute capitale a sa source dans le caractère même de cette nation dégénérée : garottée par tous les liens de la vanité, livrée à toutes les impulsions de la haine, l'empire continuel des passions basses la dérobe aux mouvemens les plus nobles de l'ame. Sans énergie pour le bien, le climat même qui lui donne des organes si souples et des sensations si vives, semble lui refuser toutes les émotions profondes; elle ne sent, en un mot, fortement, que le besoin de la vengeance: mais le poignard a bientôt délivré les hommes que tourmente ce besoin d'une impression trop forte pour des ames si molles. Comment s'éleveroit-on donc ici jusqu'à la source des idées qui servent de base à une grande réforme ? D'ailleurs l'homme éclairé auquel elles inspireroient des plans utiles ne trouveroit dans le gouvernement que des volontés armées contre ses projets.

LETTRE XIIe.

. . . . *Crudelis ubiquè*
Luctus, ubiquè pavor et plurima mortis imago.

De Naples, an 9.

Lorsque les Français quittèrent Naples, l'armée calabroise formée par le cardinal Ruffo, et composée de tous les brigands, de tous les gens sans aveu, et de tous les fanatiques des différentes provinces, entra dans cette ville, commandée presqu'entièrement par des prêtres. L'enfer ne rassemble pas plus de supplices, et personne n'y expie des crimes plus abominables que ceux commis ici par cette horde unie aux Lazzaroni. Le vol, le pillage, les assassinats, le débordement de toutes les haines, l'assouvissement de toutes les vengeances, couvrirent de sang et de larmes cette malheureuse capitale. Une capitulation signée apres dix jours de combat, par le cardinal Ruffo lui-même, qui avoit pris le titre de vicaire général du roi de Naples, portoit: que les patriotes retirés dans les forts avec la garnison française, seroient libres de partir avec cette garnison qui devoit être embarquée pour Toulon. L'embarquement avoit eu lieu en effet; mais sous différens prétextes, les batimens étoient retenus en rade depuis 15 jours, lorsqu'on vit arriver une flotte anglaise de 17 voiles. Deux vaisseaux escortant la Minerve, sur laquelle étoit le roi, mouillèrent bientôt en rade avec elle. Le premier acte de ce roi fugitif, qui ne revenoit auprès de son peuple que pour le décimer, fut d'annuller la capitulation ; il ordonna ensuite de faire partir la garnison française. Débarrassés alors de ces témoins importuns, les Lazzaroni se portèrent en rade sur les patriotes réservés pour le carnage ; ils massacrèrent les uns, traînèrent les autres en prison, et eurent bientôt égorgé, brûlé ou noyé plus de mille personnes. Pendant plusieurs jours, tous les quartiers de la ville ne présentèrent que des scènes d'extermination. Toute autorité légale ayant disparu sous leur fureur sanguinaire, tout s'humilia, tout trembla, tout se prosterna devant cette populace, qui dictant ses arrêts de mort et de pillage, le poignard à la main, s'animoit à la vue du carnage, et sembloit y puiser de nouvelles fureurs. Dans cette horrible confusion, les membres du gouvernement, Bezoti, Carlo-Magni et Carraccioli furent pendus, sans aucune forme d'accusation ni procès; la tête même de ce dernier fut portée jusques sous les yeux du roi, qui saisi d'un mouvement d'horreur, ne put, dit-on, s'empêcher de pleurer la perte que venoit de faire le royaume, de cet homme précieux.

Bientôt une *Junta* exclusivement composée de Siciliens, joignant à cet amas sacrilége de vengeances et de crimes, des fureurs plus méthodiques, cumula, par milliers, dans les prisons, tous ceux qui étoient accusés ou soupçonnés de n'avoir pas résisté à l'armée française. Ces mesures, qui avoient du moins une apparence légale, n'empêchèrent pas les Lazzaroni de continuer à piller plus de huit cents maisons, et entre autres celle de notre malheureux correspondant Piati, qui fut bientôt après pendu avec son fils, âgé de 16 ans. Inflexible au milieu de tant de calamités et de douleurs, le roi, prudemment retiré sur la Minerve, d'où il n'auroit pas osé descendre, dressoit paisiblement des potences sur la rade, pendant que le cardinal Ruffo en dressoit sur le pont de la Magdelaine. Tout étant prêt pour ces exécutions terrestres et maritimes, la mort frappa bientôt de cette double faulx, les victimes condamnées par la *Junta*.

Les Lazzaroni qu'impatientoit la lenteur de ces boucheries juridiques, en avoient établi une bien plus expéditive presque en face du palais du roi : ceux qu'ils appeloient *jacobini*, les porteurs de fausses queues, le peu de Français qui n'avoient pu sortir de cette nouvelle Ninive, pour se réfugier dans le fort St-Elme, et profiter dela capitulation, bientôt assassinés et mis en lambeaux, alimentoient cet effroyable carnage. Un brâsier consumoit souvent leurs corps; et, je vous le répète en frémissant, des Lazzaroni en ont quelquefois eux-mêmes dévoré les membres saignans, il en ont bu le sang devant ce Vésuve, qui n'a pas couvert de sa lave vengeresse ces exécrables festins !

Un homme respectable, que je n'ose nommer, avoit essayé de sauver deux jeunes Français; découverts successivement dans trois endroits différens où il les avoit cachés, il les menoit dans un quatrième, lorsqu'il furent reconnus par les Lazzaroni, arrachés de ses bras, et poignardés à ses yeux. Il pense, m'a-t-il dit avec horreur, que ce sont leurs tristes restes qui ont servi à ces abominables repas !

A ce débordement de calamités, dont le seul

récit est un supplice, succédèrent des vengeances plus régulières. Le cardinal Ruffo, trésorier de la chambre apostolique, que son rang et son fanatisme, bien plus que ses talens, avoient créé commandant de son armée dévastatrice, n'avoit pu empêcher que les Lazzaroni ne pillassent la caisse de la république napolitaine qui venoit d'expirer. Pendant qu'ils s'occupoient à en consommer le butin en débauches et en oisivité, les rues et les places publiques devinrent cependant moins dangereuses, et la *Junta* seule, usoit encore du terrible pouvoir dont elle étoit armée. Tout aussi sanguinaire que notre horrible tribunal révolutionnaire, on y a, comme chez nous, marchandé, acheté et vendu des victimes : la haine et la complaisance s'en sont mutuellement refusées ou accordées, et j'ai vu ici une princesse qui, saintement adultère, s'est elle-même livrée au jeune président de ces bourreaux, pour sauver un mari tendrement aimé.

Cependant les classes de la société qui n'étoient entrées dans aucun parti, révoltées de ce zèle exterminateur, témoignèrent à la fin leur indignation; ils la témoignèrent même si énergiquement, que ce tribunal ne se croyant pas en sureté dans le château où il siégeoit, prit des dispositions militaires, fit lever les ponts et cerner les prisonniers d'état : mais si la troupe qu'on tint sous les armes pendant vingt-quatre heures, si sur-tout des mêches constamment allumées continrent l'indignation générale, la cour épouvantée cédant cependant, en apparence, à ce cri universel de clémence, crut devoir publier un édit d'amnistie. Les habitans qu'avoient consterné tant de meurtres, prirent tellement part à ce prétendu bienfait, qu'ils se portèrent en foule vers le lieu des exécutions, où ils abattirent et brûlèrent les potences.

Hélas ! mon ami, cette feinte clémence, née de la peur, et dont les nombreuses exceptions d'ailleurs, annulloient absolument les effets, n'en perdit que plus facilement un nombre infini de malheureux ; car bientôt après, la cour se sentant forte de quelques précautions prises à l'insu du peuple, recommença des persécutions bien plus opiniâtres.

Quatre cents personnes sorties de prison en vertu de l'édit, y furent replongées, et on y joignit tous les infortunés qui, séduits par cet acte d'amnistie, bien digne de Machiavel, se présentèrent pour en jouir. Trompés par cette ruse ultramontaine, les membres du gouvernement, Marie-Galante et Giovani-Gambale, vinrent se livrer eux-mêmes à la vengeance d'une cour qui en étoit affamée. Quelques jours après, cette cour déchirant tous les voiles qui cachoient la honte de ses artifices, fit arrêter le trop célèbre Ferrante, ministre de ses fureurs dans la place de président de la commission pour la confiscation des biens des émigrés : il fut chargé de chaînes, et envoyé à Palerme, comme suspect de trop de justice et d'impartialité dans ses fonctions.

On espéroit que la mésintelligence survenue entre les membres de la *Junta*, suspendroit le cours de tant d'atrocités ; mais il n'en résulta qu'une scission, dont les suites n'en concentrèrent que davantage le pouvoir de cette commission exterminatrice. Le président Darnario et le conseiller Antonio della Rossa, ayant donné leur démission, l'inflexible Sambutto, d'accord avec l'avocat fiscal Guidobaldy, restèrent seuls maîtres suprêmes de la direction du carnage. Par leur ordre, la marquise San-Félicie, jeune et intéressante femme, dont la grossesse avoit trois fois fait suspendre le supplice, depuis un an, fut exécutée, et on n'eut nul égard à la commisération générale qui la recommandoit aux intercessions de la princesse héréditaire.

Je demande quelquefois, sans recevoir de

réponse satisfaisante, pourquoi les Siciliens, considérés autrefois à Naples presque comme des étrangers, possèdent aujourd'hui les places les plus importantes : le prince Cassaro, Sicilien, est à la tête du département important de la police ; la *Junta* ne compte dans son sein, que de ces insulaires ; ils partagent enfin, en concurrence avec les Toscans, presque tous les emplois du royaume. Est-ce une marque de gratitude que leur donne leur roi, pour payer l'accueil qu'il a reçu dans leur île ? ou ne veut-il que fortifier leur bienveillance pendant l'exil qu'il s'y impose encore ? Quoique ce calcul paroisse fondé, il me semble tout aussi présumable que la composition de la *Junta* a eu un autre but : la haine contre les Français, et leurs principes, bien plus forte encore chez les Siciliens que chez les Napolitains, aura sans doute paru un garant plus sûr de l'inflexibilité du tribunal. Cette supposition doit acquérir un grand degré de probabilité, si l'on fait attention qu'aucun des Français établis à Naples, même depuis long-tems, n'a échappé à la prison, et que plusieurs n'en sont sortis que pour aller à la potence. Ces malheureux se croyoient flétris, m'a-t-on dit, par ce genre de supplice ; les Napolitains pensoient de même, et ils n'étoient

tous

tous occupés, dans les prisons qu'ils encombroient, qu'à se procurer les moyens de sauver leur mémoire, par une mort volontaire. La *Junta* sembloit inviter à ces suïcides, puisque ses jugemens n'étoient jamais exécutés que deux jours après qu'ils étoient rendus. C'étoit surtout par le poison, que les condamnés se décidoient à consommer ce triste acte de courage. On étoit heureux lorsqu'on pouvoit se procurer de l'opium; on s'instruisoit mutuellement de la quantité nécessaire pour une fin sans angoisses; et si l'on y a encouragé inutilement quelques prisonniers, et notamment le malheureux vieillard Piati, d'autres ont usé de cette ressource avec fermeté, et quelques-uns même avec gaieté.

J'ai causé avec des malheureux échappés à une fin si tragique; ils m'ont tous dit, que le plus beau jour de leur captivité fut celui où une femme sensible, qui avoit une ame forte, leur porta dix-sept doses d'opium : elle en distribua seize, avec fermeté; mais lorqu'il fallut se dessaisir de celle qu'elle réservoit au tendre objet de son affection, sa main balança, elle fondit en larmes, et il fallut lui faire une espèce de violence, pour que l'ami de cette femme étonnante ne fût pas seul privé de ce bienfait. Je me hâte de vous apprendre qu'il n'a pas été obligé d'y avoir recours.

Ce n'est pas sans attendrissement que j'ai appris que beaucoup d'officiers russes ont prodigué des consolations et des secours à quelques Français qui expioient dans cette captivité le malheur de porter un nom si redouté. C'étoit un spectacle véritablement attendrissant, que de voir ces braves gens transportés des glaces du nord au pied du Vésuve, honorer ainsi la nation qu'ils venoient y combattre. L'histoire, un jour, fera surement observer que ces redoutables enfans du nord, dont la malheureuse Italie n'avoit encore connu que les ravages et les cruautés, donnent aujourd'hui dans cette même Italie, et chez les descendans des Grecs eux-mêmes, les seules leçons d'humanité dont elle doive peut-être s'honorer.

LETTRE XIIIe.

De Naples, an 9.

Je n'ai vu ici, mon ami, ni une belle, ni une jolie femme; et j'ai pourtant couru les églises, les promenades, les rues et les spectacles. Je n'aime pas non plus leur voix; elle n'a, ce me semble, ni accent, ni passion; je n'y trouve ni les tons aimables de la délicatesse, ni les tons sensibles de la pitié; elle fait, en un mot, sur moi le même effet que celle des malheureux *Soprani*. Dénuée d'expression, comme la leur, et propre, tout au plus, à rendre les sensations du plaisir, elle meurt avant d'arriver à l'ame. Je ne prétends pas imputer ici aux femmes, un tort qui n'est peut-être que celui du climat; mais s'il est favorable aux organes, s'il crée seulement ici des artistes, et sur-tout des musiciens admirables; si, comme je vous l'ai dit, il ne donne aux hommes que des émotions vives, mais fugitives; si leurs fibres détendues par la chaleur continuelle, leur refusent l'énergie des peuples du Nord; si l'on ne sent ici, dans un certain degré, que la haine, passion des ames étroites, comment ce sexe qui ressent des mêmes causes la même influence, y échapperoit-il ? Non, mon ami, les hommes et les femmes n'ont ici que des cœurs froids et des sens embrâsés ; l'amour n'y est que le passe-tems de l'oisiveté ; on n'en attend et on n'en exige que des sensations. On ne doit pas être étonné que les mœurs soient atteintes par ce germe naturel de dépravation, et que les liens de parenté, nuls ou extrêmement relâchés, ne prêtent aucun charme à l'intérieur de la vie domestique. On n'est ni parent, ni ami. Protecteurs ou protégés, voilà la grande division de la société. Les opinions, les volontés et les scènes de la vie sont toutes calquées uniformément sur cet immense cadre. Tout émane de la vanité, comme tout y aboutit. Les cœurs sans cesse aux ordres de ce stérile maître, ont perdu sous sa puissance, leurs facultés et leurs jouissances. C'est le lit de Buziris qui, dégradant les caractères, les a tous ramenés à ses proportions. Cela est si vrai, que l'on ne trouveroit pas ici deux hommes de cette originalité et de cette variété piquante dont les mœurs anglaises ou allemandes offrent tant d'exemples.

Quoiqu'il y ait à Naples beaucoup de femmes publiques, on n'en offre pas moins aux étrangers des femmes de toutes les conditions et de toutes les classes. Cet usage affreux peut avoir beaucoup d'exceptions ; mais il est assez général.

L'avarice des maris, facilement d'accord avec le goût inné de la toilette dans ce sexe, procure souvent aux voyageurs de ces aventures mystérieuses. Peut-être ce motif sordide n'est il pas le seul principe de ces indécentes provocations; mais si elles naissoient du délire des sens et d'une imagination sur laquelle un cœur muet ne doit avoir aucun empire, vous conviendrez que leurs mœurs n'auroient en cela qu'un peu moins de corruption.

Ce déréglement général, ce trafic presque public que tant de gens font à Naples, doit tarir à la longue, la source des sentimens honnêtes; il doit même corrompre l'esprit et dépraver les idées ; aussi crois-je trouver ici la preuve que le mauvais goût pourroit bien avoir son origine dans un cœur flétri, comme le bon goût dans une ame pure. Au sein d'une ville que viennent en foule admirer les étrangers et où fleurissent, depuis long-tems, les beaux-arts, vous seriez en effet surpris du mauvais goût qui domine dans la parure des femmes ; elles cherchent bien à imiter les modes françaises, mais leur imitation est si maladroite, ce qu'elles en saisissent est tellement dénaturé par les lourdes garnitures et l'oripeau dont elles se chargent, qu'elles n'en prennent réellement que la caricature.

Je commence à craindre, mon ami, que mes tableaux ne vous semblent tracés un peu sous l'influence de la morosité. Jusqu'à présent il est vrai, je n'ai pas été louangeur ; mais ce n'est pas ma faute, si je n'ai guères à vanter ici que le ciel, la position, la fécondité de la terre, et la musique. Ce n'est pas ma faute, si la nature ayant tout fait pour le bonheur, les hommes et les institutions ont tout fait pour contrarier cette heureuse préférence. Un climat pur, une mer poissonneuse, des cendres fertiles procurent ici l'abondance. Un air serein, des rivages charmans, et je pourrois presque dire voluptueux, y promettent toutes sortes de délices et de bonheur. Des palais, des pavillons répandus au milieu des gazons et des fleurs, sur la côte de Pausilipe et de Portici, semblent vous en offrir les asiles.

L'homme semble y goûter dans une paix profonde,
Tout ce que la nature aux premiers jours du monde,
De sa main bienfaisante accordoit aux humains :
Un éternel repos, des jours purs et sereins,
Les douceurs, les plaisirs, que promet l'abondance,
Les biens du premier âge, hors la seule innocence.

Oui, mon ami, hors la seule innocence. Mais quand la volupté ne fuiroit pas devant la superstition et une débauche sans attrait ; quand la vénalité des femmes ne dissiperoit pas toutes les illusions dont l'amour a besoin pour être heureux, un gouvernement tyrannique, sans générosité, sans noblesse et sans loyauté, n'en détruiroit-il pas lui-même, à la longue, tous les germes ? N'en doutez pas ; une terreur générale, née de tant de supplices, a porté le dernier coup aux esprits déjà énervés ; et l'étranger sensible, qui vit de confiance et de sentimens intimes, ne trouvera ici que des cœurs fermés à ses épanchemens, par la crainte de ce gouvernement ombrageux. Voici la preuve de cette vérité.

Des négocians, des consuls de différentes nations, quelques seigneurs vouloient avoir à dîner le citoyen B***. ; mais ils n'ont trouvé personne, ils n'ont sur-tout trouvé aucune femme qui voulût courir le danger de dîner avec un officier français. D'autres lui ont même fait dire qu'ils se seroient procuré ce plaisir, s'ils navoient redouté d'etre envoyés quelques jours après, dans les isles de *Projetta*, de *Procida* et de *Ponce*. Pareille chose nous est arrivée avec des hommes qui nous ont, d'ailleurs, honoré d'un accueil distingué, tant les oubliettes d'Acton font trembler tout le monde. Vous voyez que la terreur produit ici ce qu'elle a produit en France. Tout y est devenu personnel, chacun tremble, et s'isole dans des pensées arides et des combinaisons étroites. Les plaisirs et les rassemblemens, seuls liens d'un peuple qui vit pour le repos et la mollesse, disparoissent sous la faulx cruelle du despotisme.

LETTRE XIVe.

De Naples, an 9.

Interdum que atram prorumpit ad æthera nubem,
Turbine fumantem pieco et cadente favillâ.
Attolit que globos flammarum et sidera lambit,
Interdum scopulos avulsaque viscera montis
Erigit eructans liquefactaque saxa sub auras,
Cum gemitu glomerat fundoque exæstuat imo.

MON ami, les champs élyséens, où Virgile a placé le séjour du bonheur, ne sont plus qu'une triste solitude, sous un ciel riant. Le tombeau de Virgile lui-même, simple monument de reconnoissance, n'est autre chose qu'une petite voûte couverte de lianes, au milieu desquelles un hasard singulier avoit récemment fait croître un laurier, qui n'existe plus. Le terrain qui renferme ce monument est loué à un paysan; il en fait payer la vue aux étrangers, qui viennent tous visiter cet asile, intéressant seulement par des souvenirs. Les objets, sans contredit, les plus curieux de ce pays ci, sont: Herculanum, Pompeïa et le Vésuve. J'aurois bien voulu monter jusqu'au cratère de ce volcan, malheureusement mes forces, que je n'ai pas encore recouvrées, ne m'ont permis que de le voir de très-près, et non d'en franchir la hauteur. J'attachois pourtant un grand prix à visiter ce foyer de tant de calamités et de richesses. Il y a un attrait inconcevable à parcourir des lieux qui recèlent dans leur sein ce que les ouragans, les tempêtes, les orages, tous les fléaux réunis en un mot, ont d'accablant pour la foible humanité. Le hasard m'a refusé jusqu'ici le dangereux plaisir de contempler une éruption; mais, si j'en crois les témoins des deux dernières, un volcan réunit, à-la-fois, tous les dangers des autres convulsions de la nature. Il écrase comme la foudre; il gronde, il détonne avec fracas, et lance des pierres embrâsées. Il crée des rivières de feu; et pendant qu'il allume dans l'air des tourbillons de flamme, il engloutit dans des abymes de soufre les habitans qu'a séduit son fécond voisinage. Comme le dit admirablement l'abbé Delille, un volcan

Vomit en bouillonnant ses entrailles brûlantes.

Les historiens prétendent qu'avant l'année soixante-dix-neuf, le Vésuve n'avoit encore vomi que des flammes et de la fumée, sans aucune secousse: il ne commença à s'ébranler, et à lancer des pierres et des cendres, que sous le règne de Titus, et engloutit alors Herculanum et Pompeïa, comme si la nature, par une de ces cruelles compensations qu'on retrouve par-tout, avoit voulu faire acheter le bonheur passager de cet heureux règne, par la destruction de deux villes florissantes. Jusques en 1767, on comptoit vingt-six éruptions, toutes connues par des effets semblables, plus ou moins terribles. Celle de 1631 différa des précédentes, parce qu'à des torrens de soufre enflammés, il se joignit une grande inondation d'eau ordinaire, symptôme qui n'avoit pas encore été remarqué.

Celle de 1779, dont il existe encore tant de témoins, a eu le caractère terrible de toutes les autres. L'éruption s'étoit annoncée au mois de juillet, par l'écoulement lent d'un ruisseau enflammé, qui s'éteignit bientôt. Le même écoulement recommença au mois d'août; on remarqua seulement, que la montagne ordinairement nébuleuse, lorsqu'elle est dans son redoutable travail, n'étoit chargée d'aucun nuage; mais une belle gerbe de feu, qui s'en élevoit, jetant dans les airs une lumière très-pure, on appercevoit, à sa lueur, la source de deux torrens de lave, qui formant sur le flanc de la montagne deux vastes rubans, recevoient des inégalités du terrain et des matières sur lesquelles ils s'étendoient, des nuances très-variées.

Le 7 août, pendant la nuit, un nuage se fixa momentanément sur le volcan; la flamme, en jaillissant du cratère dans les airs, imprimoit dans le centre de la nue une couleur de sang qui présenta bientôt un spectacle épouvantable. Le lendemain, dans la journée, le feu ne fut pas bien ardent; mais, pendant que le peuple de Naples étoit au spectacle, un mugissement sourd annonça une détonnation que suivit bientôt l'éruption d'une immense colonne de feu, de plus de mille toises de hauteur. Ce flambeau magnifique, coupé dans tous les sens par des flêches de feu et des pierres embrâsées qui le traversoient, éclairoit et dominoit au loin le golfe, la ville et la campagne. Il ne dura qu'une demi-heure environ; mais dans ce court espace, il fit un horrible ravage. Il combla de pierres une jolie plaine où chassoit souvent le roi de Naples. Le village de *la torre del Greco*, que j'ai traversé hier ponr aller à Pompeïa, en fut entièrement détruit; beaucoup d'habitans de ce village, qui n'est encore qu'à moitié dégagé de la lave qui l'envahit, périrent sous cette pluie meurtrière de cendres et de pierres calcinées : on dit même qu'elle atteignit des personnes à plus de dix lieues de distance, et qu'on a trouvé des scories qui pesoient jusqu'à quatre-vingt livres.

Ces effets, quelques extraordinaires qu'ils paroissent, ne présentent pourtant que des tableaux affoiblis de la puissance de ce volcan. Pour avoir une idée de ces terribles vomissemens, pour apprécier les résultats de ces grandes convulsions, il faut voir Herculanum et Pompeïa : leurs ruines accablent réellement l'imagination ; et si l'homme vouloit avoir une idée de toute sa foiblesse, il en trouveroit, peut-être ici, plus de preuves accumulées que dans quelque partie de l'Europe que ce soit. Au reste, si l'on reçoit de ces tableaux des leçons utiles, c'est surement encore plus, par des sentimens que par des réflexions. Que tous les gens blasés, que tous les Anglais attaqués du spleen accourent donc à Pompeïa, je leur y promets les plus fortes émotions dont ils aient jamais été agités. Quel coeur d'airain en effet, ne se sentiroit pas ému devant le réceptacle de tant de douleurs? Et où trouver des tableaux plus dramatiques que ceux qu'a tracés le volcan lui-même sur ces décombres ?

J'ai vu des ruines, j'ai vu les arênes de Nismes, j'ai vu le pont du Gard ; tous ces monumens ne m'ont prouvé que leur solidité, qui cède pourtant à la puissance du tems : mais à Pompeïa, j'ai assisté réellement au spectacle le plus effrayant qui ait jamais été donné aux hommes. J'ai gémi sur le déplorable tableau d'une ville florissante, surprise dans ses plaisirs, dans ses jeux, dans le mouvement diversifié de ses intérêts; je l'ai vue passer tout-à-coup de la vie au néant, et se dérober à la mémoire des hommes pour être retrouvée dix-sept siècles après, par un jeu du hasard. J'ai partagé l'effroi de ces infortunés, qui, pour échapper à la pluie de cendres qui les poursuivoit, se précipitèrent dans une cave, où ils furent bientôt engloutis par une lave brûlante.

Oui, mon ami, j'ai vu cette cave entièrement dégagée des matières dont elle fut si long-tems remplie ; on y a trouvé trente six cadavres que le premier contact de l'air a réduit en poussière, et on y voit encore une vingtaine de vases fixés sur les murs au milieu de la lave, et conservant la position où ils étoient à l'époque de cette horrible catastrophe ; ils sont en terre cuite, d'une forme très-allongée, et de la capacité d'une de nos bariques ordinaires.

On se promène à Pompeïa dans des rues bâties depuis deux mille ans ; on y parcourt des maisons auxquelles il ne manque que des toits et des meubles. Les distributions intérieures en sont petites ; mais il paroît qu'on devoit y avoir toutes les commodités, puisqu'on y trouve encore les ornemens du luxe le plus recherché. Je n'ai guères vu, en effet, d'appartemens dont les pavés ne fussent en mosaïque, et les murs peints à fresque ; les couleurs conservées par les procédés d'un art plus perfectionné que chez nous, ou plutôt par la cendre qui les a garanties des impressions de l'air, reprennent toute leur vivacité dès qu'on les arrose d'un peu d'eau. La nature de ces peintures y indique presque toujours la destination des divers appartemens. Des volailles mortes, des perdrix, des fruits peints, annoncent, comme chez nous, des salles à manger. Une grande quantité d'instrumens, de diverses formes, annonce la demeure d'un chirurgien ; et des Priapes sculptés sur les murs extérieurs d'un édifice, désignent encore scandaleusement des lieux de débauche. J'y ai vu, dans le quartier des soldats, les fers avec lesquels on les enchaînoit ; par leur forme et leur grandeur, ils sont en tout semblables à ceux dont on se servoit dans nos colonies, pour fixer les nègres sur un lit de camp. J'ai vu dans un petit temple d'Isis, la pierre où l'on immoloit les victimes, le canal qui en recevoit le sang, et la trappe cachée, par laquelle les prêtres rendoient au peuple, leurs oracles. Trois théâtres, déjà découverts, annoncent que cette ville devoit être considérable; en un mot, mon ami, Pompeïa est réellement un musée, ou plutôt, c'est une cité antique, dans l'état où elle se trouvoit sous le règne de Titus, et que le Vésuve semble avoir arraché des mains du tems, pour la livrer à notre curiosité.

Ce résultat est un des foibles dédommagemens des catastrophes que le Vesuve a produit. Tandis que l'ignorance et la cupidité dénaturoient dans toute l'Italie les chef-d'oeuvres en bronze dont elle étoit couverte, les cendres de ce volcan protégoient, du moins, contre cet horrible vandalisme, quelques beaux modèles, dans lesquels l'avarice n'eût vu que de la matière bonne, tout au plus, à passer au creuset.

Vous seriez étonné de trouver dans l'intérieur des maisons de Pompéia les modèles de ces fresques élégantes et de ces jolis arabesques qu'on admire à Paris, dans nos boudoirs les plus recherchés. La nature du vrai beau est de de plaire à tous les siècles. Après ceux de Léon X, et de Louis le Grand, Paris adopte encore des ornemens trouvés dans une ville bâtie depuis deux mille ans ; tant il est vrai que l'Italie, qui avoit pris dans la Grece les types éternels du bon goût, les a depuis fournis par-tout où les arts ont été cultivés.

Herculanum ensevelie sous une lave très-dure, qui ne permet que des fouilles coûteuses, faites laborieusement avec la pince et le ciseau, n'a encore de déblayé que son théâtre. Le roi de Naples en a fait suspendre les travaux ; parce qu'il n'a pas voulu que le village bâti aujourd'hui sur la ville ancienne, fût exposé par ces excavations. Les statues, les vases, les médailles et tous les objets enfin qui ont été trouvés dans les fouilles de ces deux villes, forment le musée de Portici. Quoique le roi, depuis son départ, en ait fait transporter à Palerme les objets les plus précieux, tels que les bronzes ; les plus curieux, selon moi, y existent encore. Toute l'Italie en effet, offre des statues antiques, plus ou moins belles, en bronze et en marbre ; mais on ne trouve nulle part, en aussi grande quantité qu'à Portici, des meubles, des bijoux, des vases, des lampes, des trépieds, et tous les ustensiles nécessaires aux détails d'un ménage. L'ordre dans lequel ils sont rangés leur donne même un degré d'intérêt de plus ; les salles, au lieu d'être parquetées, sont toutes en mosaïques tirées des maisons de Pompeïa. Dans la prodigieuse variété des objets qu'elles contiennent, tout y est classé dans un ordre naturel ; l'une renferme des animaux imités ; l'autre des monnoies ; l'autre des objets de verrerie ; une très-grande salle, toute entière, est exclusivement réservée aux vases de terre plus ou moins grands ; leurs jolies formes variées à l'infini, ne présentent jamais que les combinaisons du goût le plus pur. J'y ai remarqué une cuisine entière, pourvue de vases, de plats, de couteaux, de trépieds et de broches, dont les anciens ont fait réellement usage. Je croyois être dans la cuisine d'Atticus.

LETTRE XVe.

De Naples, an 9.

Je me promenois, il y a quelques jours, sur la belle allée du quai Chiaia : les yeux fixés sur cette mer tranquille alors, mais qui venoit de m'être si funeste, je gémissois solitairement sur la bizarrerie d'une destinée qui, après m'avoir mis aux portes de la mort, me jetoit à quatre cent lieues de vous, et à même distance à-peu-près, de ma destination. Pendant que je déplorois le mauvais succès d'une entreprise si honorable, un domestique de place que j'ai pris ici, s'approche de moi : « Voyez-vous, me dit-il, cet homme qui passe ; c'est le frère du roi de Sardaigne. La famille et la suite de ce roi, au nombre de quarante personnes, loge dans cette auberge voisine. »

Quel à-propos et quelle leçon ! Un roi qui avoit naguères trente millions de revenu, tombé du trône, dans un mauvais cabaret ; sa femme, modèle de toutes les vertus qu'elle avoit portées de France en Sardaigne, y traînant dans l'humiliation une existence que son frère et sa belle-sœur avoient terminée sur l'échafaud ; et je me plaignois de mon sort !

Quelles que soient les causes qui aient précipité un monarque de son trône héréditaire, cette chûte éclatante a quelque chose qui nous intéresse malgré nous. Que sera-ce donc, si l'on considère que l'infortune sur laquelle je m'attendrissois, n'en a d'autre qu'un concours de circonstances si singulières, qu'il devoit irrévocablement écraser de son poids quelque roi que ce fût. Si le courage noble d'un Victor Amedée, si les talens d'un prince Eugène lui-même, n'eussent pas préservé cette famille d'une pareille catastrophe, il est permis, du moins, de gémir sur une infortune si réelle ; mais ce n'est pas seulement leurs malheurs qui m'attendrissent, c'est l'amertume cruelle de leur destinée qui m'accable et me décourage, lorsque je vois Acton sur le trône, et l'épouse d'un roi, la respectable sœur de Louis XVI, l'héritière des malheurs de sa famille, dans une pareille détresse ! Croiriez-vous que cette reine vertueuse, qui se regarde comme une victime frappée du ciel, et qui porte tous les jours aux pieds des autels le deuil de son ame, est insensible à ses infortunes personnelles ? Croiriez vous qu'elle n'y va pleurer que les malheurs de ses amis, dont elle accuse sa propre destinée? Cette vertu si pure, personne encore n'a osé la démentir; elle a même été respectée par les jacobins effrénés, par cette race dénaturée qui éprouve de la vertu l'effet que les hydrophobes éprouvent de l'eau. Raisonnables enfin pour elle seule, ils ont reconnu sans doute, que la piété n'est pas toujours la superstition, et ont privé de leurs honorables calomnies une victime qui y avoit un double droit à titre de reine et de femme pieuse..

Dans l'espèce d'abandon où elle se trouve ici, il eût été heureux qu'elle y eût trouvé Marie Caroline. Si de ces deux reines, l'une reçut de la nature des vertus, et l'autre des talens, du moins une commune destinée les ayant frappées d'un coup semblable, elles auroient pu pleurer ensemble un frère et une sœur qui ont passé du même trône sur le même échafaud.

Ces pensées avoient rembruni mon imagination; et j'allai chercher au spectacle des sensations plus douces, qu'on est bien sûr d'y recueillir lorsqu'on aime la musique.

C'étoit avec raison, que j'espérois y trouver une heureuse diversion à des idées tristes; les arts consacrés aux plaisirs des sens, absorbent ici les facultés qu'occuperoient chez d'autres nations, la culture des sciences, et les théâtres se ressentent heureusement de cette pente des esprits.

Celui de *St.- Carlo* inoccupé maintenant par l'absence du roi, est le plus vaste et le plus somptueux de toute l'Italie; il éblouit par la profusion et la fraîcheur actuelle de sa dorure; et en général, ils enchantent tous, par la perfection de l'excellente musique qu'on y exécute. Quatre conservatoires leur fournissent des chanteurs et des ouvrages. C'est dans leur sein que la paternité, plus cruelle cent fois que la haine la plus envenimée, va vendre aux maîtres de chapelle un droit qui ne lui appartient pas; un droit, dont la nature n'a déshérité presqu'aucun être vivant. Ils font un objet de spéculation de ces mutilations qui les enrichissent quelque fois; usage cruel, usage infâme, usage sacrilége qui immole des générations entières au plaisir d'entendre quelques sons fugitifs, brillans peut-être, mais inaccentués et froids comme les coeurs qui les vendent et les achètent!

Si la plaisanterie étoit permise en parlant de ces déplorables sacrifices, je vous dirois que le jeu n'en vaut pas la chandelle. Tous ces malheureux dont la voix éclate en sons si purs, si sonores et si flexibles, peuvent bien étonner et flatter quelquefois l'oreille ; mais ils n'atteignent jamais jusqu'à l'ame ; leurs chants sont froids et monotones , et on y sent continuellement l'absence de l'expression, plaisir le plus vif peut être de la musique, lorsque la mélodie en renforce le pouvoir. En vérité, le crime qui les a séparés des hommes étoit bien inutile, puisque leur dégénération leur refuse les effets les plus puissans de l'art auquel ils ont été si cruellement sacrifiés.

Lorsqu'un malheureux père a ainsi vendu les droits de son fils à la paternité, le maître de chapelle usant de ceux de son marché, fait procéder à la mutilation. Le résultat de cette cruelle opération le dédommage presque toujours des soins qu'il a pris de son infortuné pupile; mais lorsque la nature vient à tromper cet horrible calcul, le pupile dégénéré devient alors le rebut des humains.

On parle encore ici d'un procès digne, par son indécente bizarrerie, d'un usage aussi infame.

Un de ces malheureux, dont la voix efféminée promettoit à son bourreau un ample dédommagement de ses soins intéressés , perdit tout-à-coup, à l'âge de puberté, cet avantage: bientôt une voix de stentor, surprit, déconcerta et désola l'avide spéculateur. Plus porté à soupçonner une fraude qu'à croire à un phénomène, il attaqua le chirurgien en justice. Mais celui-ci, opposant à ces injustes soupçons, les souffrances et les stigmates indélébiles de la victime, confirmoit ces deux moyens péremptoires par deux témoins irrécusables conservés encore dans l'esprit de vin. Les juges, et cette nuée de Paglietti dont le métier est d'ensevelir la vérité sous des paroles, étoient confondus, et la justice hésitoit enfin, lorsqu'une visite exacte, provoquée par le plaignant, attesta que la nature indignée s'étoit chargée de venger elle-même la victime : par un phénomène de prodigalité, elle lui avoit généreusement rendu ce dont l'avoit privée la cruelle avarice des hommes.

N'est-ce pas l'archevêque de Toulouse qui, insensible au doux pouvoir de la musique, prétendoit que de *tous les bruits qu'il entendoit, c'étoit le moins désagréable* ? Il falloit l'envoyer à Naples, lui faire entendre les chef-d'œuvres de Piccini, Paësiello et Cimarosa, la *Buona Figliola* sur-tout ; et s'il n'eut pas rétracté son blasphême, on pouvoit le déclarer incurable.

Au reste, ce n'est pas seulement les compositeurs que j'admire ; les chanteurs, dans la proportion de mérite qui existe entre le génie et le talent, sont tout aussi étonnans. Ceux même qui n'ont pas de voix, chantent avec une pureté et une méthode dont nous sommes très-loin ; et dans les morceaux d'ensemble, ils ne laissent rien à desirer. Le talent de fondre toutes leurs voix en une, résultat d'une organisation heureuse, paroît si naturel, que les aveugles eux-mêmes, qui chantent dans les rues, vous surprendroient par l'accord admirable de leurs sons. Je ne suis plus étonné que le marquis de Caraccioli, accoutumé à ces divins accens, soutint, il y a vingt ans, à Paris, c'est-à-dire avant la révolution qui s'est opérée dans notre musique française, que nous avions des oreilles de corne.

J'ai terminé hier mes excursions dans les environs de Naples, par un petit voyage à *Cazerte*. L'emplacement de ce palais nouvellement bâti, et qui n'est pas même encore achevé, me semble mal choisi. Un aqueduc d'une hauteur prodigieuse à sa naissance, y conduit une grande quantité d'eau, dont on a fait une superbe cascade artificielle. L'architecture des bâtimens est pesante ; mais je n'ai rien vu de plus noble et de plus majestueux que son péristile et son escalier. L'effet, qui en est admirable, n'échappe à personne; et ses belles proportions ressortissent doublement sous une quantité prodigieuse de marbres différens, parfaitement bien opposés les uns aux autres.

Il paroît que la nature du pays, abondant en gibier et en bêtes fauves, a seule déterminé Charles III sur le choix du lieu. Toute l'Europe a connu le penchant, presque exclusif, de ce roi pour la chasse. Son fils, Ferdinand IV, tout aussi déterminé chasseur que, lui porte cette passion jusqu'à l'excès. Le palais de Cazerte est plein de tableaux, où il figure héroïquement contre des cerfs et des sangliers. On y tient des registres des pièces de gibier tuées dans les chasses les plus remarquables; et, c'est là qu'on a vu mainte fois des piqueurs venir faire à la porte du conseil, des signaux secrètement convenus entr'eux et le roi, sur la pose de quelques bêtes fauves. Tout le royaume sait qu'alors, rien ne peut retenir sa majesté plus long-tems dans son conseil; et que toujours, sur de tels avis, le royal époux a laissé à la reine la direction des plus importantes délibérations. J'étois instruit de cette manie extravagante pour la chasse et la pêche; mais je regardois comme des bruits de gazette ce que j'y avois souvent lu sur l'emploi des pêches royales. Contre leur ordinaire, les journaux n'ont rien exagéré à cet égard ; et il n'est que trop vrai que, par une bizarrerie nouvelle dans l'histoire des têtes couronnées, ce roi en vend lui-même, publiquement, le produit dans sa capitale. A peine a-t-il mis les pieds hors de sa barque, qu'il étale sur les quais, avec un orgueil inexplicable, son poisson divisé par espèces et par grandeurs. Tout le monde s'approche alors indistinctement de lui ; chacun fait des offres qu'il rejette souvent avec brutalité ; les chalans se fâchant aussi quelquefois, lui rendent humeur pour humeur : le marché se termine enfin, et sa majesté rentre dans son palais, où elle raconte naïvement ces extravagances, qui seroient encore invraisemblables dans les mille et une nuits.

LETTRE XVIe.

De Naples, an 9.

Il est tems, mon ami, de quitter ce beau pays. La tyrannie d'Acton vient de sonner l'heure de mon départ, et après un attentat moins attroce encore que la calomnie par laquelle il cherche à le justifier, il me paroît impossible de séjourner plus long-tems ici sans danger.

A peine le cit. B***. a-t-il quitté cette ville, que cinquante personnes ont été arrêtées dans la nuit qui a suivi immédiatement son départ.

Pour se permettre cette mesure, le gouvernement n'a point encore publié le traité de paix dont elle viole un des articles, et pour la justifier, il a fait répandre dans le public que les personnes arrêtées comme ayant des projets dangereux, lui ont été dénoncées par le citoyen B***. lui-même.

Ce nouveaux crime réunit le triple caractère du machiavelisme, de la cruauté et de la calomnie ; il dirige l'indignation dont les meilleurs amis de la France poursuivoient Acton, contre la France elle-même. Il fait passer dans leur ame la plus cruelle de toute les convictions, celle de se croire trahis par des hommes pour lesquels ils ont tant souffert, et il charge enfin de cette trahison un jeune homme plein d'honneur. Le cit. B***. est en effet incapable d'une si grande lâcheté ; il lui seroit mille fois plus facile de se précipiter sous le feud'une batterie, que de se souiller du crime dont on l'accuse.

Quelque chose qu'il en soit, n'ayant plus ici de protecteur contre les excès d'une vengeance si réfléchie, cet exemple m'avertit de me retirer. Je serai prêt à partir demain, et en attendant, je me suis présenté, avec M. C***., chez le commandant des troupes russes, pour y réclamer sa protection au besoin. Ce jeune seigneur, élevé à Paris, rempli d'estime pour la nation française, et plein d'honneur lui-même, nous a reçu non-seulement avec politesse, mais avec la grâce la plus affectueuse. Introduits dans son cabinet au moment même où nous nous sommes fait annoncer, nous avons trouvé une grande partie de la cour dans son antichambre. Il étoit plaisant de voir de simples négocians français traverser ainsi une foule de seigneurs couverts de croix, de cordons et de crachats, et obtenir sur eux la primauté d'une audience ! Les circonstances qui ont donné à ce commandant étranger cette considération, sont en elles-mêmes singulières ; mais son pouvoir, né des suites d'une coalition dissoute, quoique formant aujourd'hui un des traits remarquables de la situation politique et morale de Naples, n'est pourtant que la moindre bizarrerie du tableau de cette capitale.

Pour peu que vous en consideriez les détails avec attention, vous y trouverez par-tout les preuves d'un avilissement sans exemple. Roi, ministre, sujets et noblesse, tout y est sans vigueur, tout y est sans courage, tout y est dégradé. Dans la confusion de leurs divers intérêts, dans la violence de tant de passions divergentes, l'empire machinal de l'habitude soutient seul encore la monarchie : mais, si ce foible support venoit à crouler par quelques causes imprévues, ce beau royaume n'offriroit plus que les saturnales du crime. Saisissez en effet, si vous le pouvez, un point d'appui ou de liaison dans les élémens suivans : Un roi chez lequel on n'auroit rien à vanter sans son adresse à la chasse ou à la pêche ; un roi parlant, par choix, le dialecte des lazzaroni, qu'il fréquente par inclination, et auxquels même il vend son poisson, par bizarrerie plutôt que par avarice ; un roi que la peur a conduit en Sicile, que la vengeance en avoit un instant ramené, pour se constituer le bourreau maritime de son peuple, et qu'une prudence inexcusable retient encore dans cette isle.

Une reine fuyant son peuple qu'elle redoute, et retirée à Vienne d'où elle fournit encore des lettres de change sur son royaume épuisé.

Un prince héréditaire, jeune homme plein de mérite, dit-on, faisant seul une exception au milieu de tant de dégradation ; mais absolument sans pouvoir.

Le premier ministre Acton, chargé de la haine des grands, gouvernant seul au milieu de leurs hommages, avec un sceptre oriental ; mais tremblant au souvenir des excès de cinquante mille lazzaroni, qu'il n'aura peut-être pas impunément démuselés.

Ces terribles lazzaroni soumis eux-mêmes à la verge de trois mille Russes, dont le commandant, depuis deux ans, n'a reçu aucune nouvelle de sa cour.

Une partie de la noblesse mécontente, une partie reléguée dans des isles ; des troupes inaguerries ; un peuple épouvanté par les restes de l'armée calabroise ; cent mille patriotes brûlant d'une vengeance concentrée, et qui croyent céder aux inspirations de la liberté, lorsqu'ils ne sont que martyrs d'une vanité déréglée.

Il n'est pas possible à la sagacité la plus exercée de prévoir le moment où ce volcan mal éteint fera explosion ; mais ce n'est pas du moins conjecturer au hasard, que de le regarder comme prochain. Tout tend à l'accélérer. Le gouvernement, par les excès de la plus ombrageuse tyrannie ; les patriotes, par les écarts d'une haine qui transpire sans cesse. Si les hommes, en général, avoient ici plus d'élévation dans les idées, et des têtes moins incandescentes, peut-être désireroit-on de voir arriver le terme de cet équilibre presque miraculeux ; mais, comment ne pas frémir à l'idée d'une révolution provoquée par des gens qui prennent leurs ressentimens pour de la philantropie, leur turbulence inquiète pour de l'activité, leur opiniâtreté pour de l'énergie, et qui proscrivent absolument la modération, comme une qualité dangereuse ? Qu'espérer d'une cohue de factieux en délire, à laquelle on ne persuadera jamais que cette modération qu'elle discrédite sous le nom de foiblesse, est de toutes les vertus la plus rare, la plus difficile à obtenir sur soi-même, sans laquelle, en un mot, les peuples une fois agités

ne

ne roulent que dans un cercle de vengeances et de malheurs ? Ces têtes sulfureuses, ces patriotes si animés de vengeance, ignorent que tôt ou tard, victimes de celle qu'ils poursuivent, ils tomberoient eux-mêmes le lendemain du jour où ils l'auroient assouvie contre leurs ennemis.

La durée si courte de leur république, n'a-t-elle pas été remplie par les écarts de ces agitatons factieuses qu'ici, comme en France, on nommoit du patriotisme ? Et ces hommes qui s'indignent, avec tant de raison, des vengeances interminables de la cour, ne se sont-ils pas fait entr'eux un crime de la modération ? Ne les a-t-on pas vus dresser un acte d'accusation contre Pignatelli et Doria, dans lequel on n'énonçoit d'autre grief que celui de leur foiblesse ? Leurs généraux, Frederici et Mattera, au milieu d'un danger imminent, ne se sont-ils pas accusés réciproquement d'impéritie ou de trahison ? Enfin, la courte série de leurs actes présente-t-elle autre chose que des confiscations, des créations de tribunaux militaires et des mises hors la loi ? Non, mon ami, si le passé est le meilleur garant de l'avenir, il faut gémir ici sur le contraste pénible d'une nation si malheureuse, sous un climat si fortuné ; mais il y auroit de l'inhumanité à faire des vœux pour un changement, autre que celu qui peut s'opérer lentement, et par des gradations insensibles. J'en dirai autant de tous les peuples méridionaux, chez lesquels les révolutions ne produisent que des crimes et des malheurs. Voyez la Suisse et la Hollande : ces deux nations nous intéressent par leurs longues souffrances, sans nous révolter par des excès. Par une opposition frappante, le midi de la France, bien plus souillé de vengeances et d'atrocités que le nord, vient confirmer, sans replique, la vérité de mon observation. D'ailleurs les classes mitoyennes de la société n'ont réellement qu'un esprit d'agitation vague, sans principes fixes, et sans vues déterminées. Ainsi, grâces à la foiblesse du roi, et à l'intimité de la reine et d'Acton, ce ministre n'en acquerroit, dans un mouvement quelconque, qu'une autorité plus étendue. Ce résultat est d'autant moins douteux, que leur confiance mutuelle s'est sans cesse renforcée par des complaisances et des concessions réciproques, toujours faites aux dépens du royaume.

Le roi, dont le marquis de Saint-Nicandre négligea à dessein l'éducation, au point même de ne pas lui apprendre à lire, est, par sa foiblesse, incapable de s'opposer au mal, dont il gémit sans doute, et contre lequel il s'emporte même quelquefois avec fureur; mais ses colères ne sont que des boutades passagères qui cèdent toujours à la fermeté adroite de la reine. On sait qu'elle lui a elle-même appris à lire. On sait qu'il avoue ingénument sa profonde ignorance. Cette différence de caractère et de talens explique l'inutilité des efforts constans de Charles III, roi d'Espagne, pour obtenir l'expulsion d'Acton. En vain s'y est-il obstiné plusieurs fois: l'influence de la reine a toujours prévalu contre l'autorité paternelle et l'autorité royale.

Ce n'étoit pas assez que deux têtes couronnées se fussent inutilement réunies contre un ministre qui sembloit les braver; il se vengea tout aussi impunément de la France, qui lui avoit refusé une place de chef d'escadre. Non content d'avoir fait suspendre la vente des bois de construction que Naples fournissoit à ce royaume, il fit refuser, avec hauteur, à Louis XVI lui-même, les secours que ce monarque envoyoit aux habitans infortunés de la Calabre, après l'horrible tremblement de terre qui a ruiné cette province. Cet homme qui, au reste, paroît avoir un grand caractère, seroit bien mieux placé à la tête de la marine, qu'au timon de toutes les affaires du royaume. Il a fait preuve, autrefois, de talens dans l'attaque des Espagnols contre le dey d'Alger : mais les Napolitains les mieux instruits, soutiennent que, propre seulement au ministère de la marine, il n'a d'autres titres au trône, qu'il occupe véritablement sous le nom de premier ministre, qu'une condescendance sans bornes pour la reine. Voilà, mon ami, le tableau abrégé des élémens hétérogènes confondus aujourd'hui dans le gouvernement et la ville de Naples. Si j'étois roi d'un tel peuple, je me croirois moins exposé sur le cratère du Vésuve, qu'au milieu de ma capitale.

Cette réunion de dangers a si peu échappé au petit nombre d'esprits éclairés du royaume, que le chevalier Micheroux, pour opposer à cette divergence d'intérêts et de passions une volonté unanime et prépondérante, a proposé l'établissement d'une garde nationale royaliste : cette garde vient d'être formée; elle est composée en grande partie de propriétaires; elle rayonne d'or, de galons, de broderies et de plumets : mais pour le bien de l'humanité, il faut désirer que ces brillantes épaulettes et ces épées vierges le soient encore long-tems, car, cette garde impuissante contre tant de périls, ne produiroit, par sa résistance même, que des malheurs dont il est impossible de calculer les suites.

Dans la position singulière ou se trouve Acton, abhorré sur son trône mobile, il ne s'y soutient que par la bassesse même de ceux qui voudroient l'en précipiter. L'espionnage est un des grands moyens de sa politique, et le caractère de la nation lui fourniroit au besoin, plus d'espions que de soldats : mais il est difficile de calculer le nombre de mécontens que fait tous les jours ce détestable systême. Adopté bien long-tems avant l'entrée de l'armée française, il a empoisonné les jours de tous les hommes soupçonnés d'avoir, ou d'avoir eu quelques relations avec la France. On m'a même assuré que le célèbre Piccini en fut une des plus misérables victimes, et que, sans les persécutions dont on a abreuvé ici sa respectable vieillesse, il n'eût pas quitté une patrie qui avoit peut-être mieux apprécié ses talens que la France elle-même. Le refus qu'ont fait tant de gens de dîner avec le cit. B***. est un des effets les plus marquans de cet espionnage ; et ce qu'il y a de certain, c'est que pendant son séjour ici, il n'a cessé d'être entouré d'espions, et qu'il ne l'ignoroit pas.

Cette facilité d'avoir des délateurs de toutes

les classes, n'en améliore pas du tout la police. Sa nullité absolue multiplie les accidens et les filouteries, comme les lenteurs de la justice criminelle multiplient les meurtres et les coups de poignard. Toute l'Europe sait qu'il existe dans l'hôpital de Naples, une salle toujours occupée, appelée la salle des coups de couteaux ; mais on ignore peut-être, que d'après un calcul fait avec exactitude, il se donne dans les deux Siciles, année commune, quatre mille coups de poignards. Il y a dix ou douze ans, qu'un moine attaché à une grande famille, assassina impunément, dans une église même, une vieille femme, pour avoir publié qu'il entretenoit une fille. A peu-près à la même époque, un moine jacobin tua une autre jeune fille qu'il venoit de violer. Le supérieur des récolets fut aussi massacré par cinq frères de son couvent qu'il vouloit ramener à toute la sévérité des instituts de l'ordre. De tous les moines du monde, les Napolitains sont les plus dévergondés, les plus crapuleux et les plus ignorans. Ils ne sont pas même assez éclairés, pour s'appercevoir que le mépris qu'ils inspirent par leur dissolution, passant de leurs personnes à leurs places, et remontant jusqu'à la religion elle-même, ils sappent eux-mêmes peu-à-peu les fondemens de leur puissance. On en compte, dit-on, dans le royaume, près de cent mille, et on compte dans Naples plus de trois cents églises.

La police au reste qui les atteint si difficilement, n'atteint pas mieux les filoux ni les voleurs. On parle encore ici d'un brigand qui devint fameux dans le royaume, il y a quelques années. Cet homme singulier nommé *Angelino - Del - Duca*, réunissoit à des traits du caractère de Cartouche, beaucoup d'autres de celui de Robert, chef de brigands. Comme le premier, il n'assassinoit jamais : comme le second, il avoit à sa suite un tribunal, qui rendoit illégalement des arrêts presque toujours justes. D'un courage à toute épreuve, redouté de sa bande, dédaignant les petites aventures, et protégeant même les paysans, il ne mettoit à contribution que les grands, les barons et les évêques ; il leur faisoit des sommations contre lesquelles l'impuissance de la police ne permettoit aucune résistance. Il alla jusqu'à faire proposer au gouvernement de le constituer chef général de la police ; bien des gens le considéroient déjà comme un tribun vengeur, lorsqu'il fut arrêté, jugé et exécuté. La populace en parle encore comme elle parle chez nous de Cartouche et de Mandrin ; mais avec cette différence, qu'elle semble regretter *Angelino.*

Vous voyez bien, mon ami, que je ne saurois trop me presser de partir ; ce ne sera pas du moins sans donner de longs regrets à l'inconcevable beauté du climat, au rivage enchanté du golfe, à la verdure animée de la côte de Portici, et à la fertilité prodigieuse de tous les environs. Il faut bien tous ces avantages à un Français, pour contre-balancer l'ennui du sigisbéisme, le dégoût d'une galanterie sans délicatesse, la froideur d'une société dénuée d'intérêt et d'affection. Comment d'ailleurs n'être pas révolté de voir, je vous le répète, pères, mères, jeunes et vieux, vous offrir des femmes à-peu-près de toutes les conditions ? Nos moeurs ne nous donnent pas le droit d'être très-rigoureux ; mais, si le caprice ou l'intérêt forment en France, la plupart des liaisons, si beaucoup de maris y sont plus que complaisans pour les goûts de leurs épouses, on n'offre du moins chez nous, à cette espèce d'encan, que les femmes publiques.

Au reste, tout homme qui, insensible aux avantages d'une société choisie, ne voudra qu'une vie molle, inoccupée, sensuelle, et telle en un mot, que le climat semble la demander, trouvera aisément à se satisfaire. Repos ou affaires le matin, sommeil après midi, promenade le soir, musique des anges pendant la nuit : telle est, à-peu-près, la vie des hommes aisés. Ils en sont si contens, qu'ils appellent leur pays, *terra felice*, l'heureuse terre. J'en ai même entendu qui disoient naïvement, que *lorsque Dieu vouloit jouir d'un bonheur complet, il jetoit ses regards sur Naples.* Contens du repos attaché à une existence physique, agréable, ils suppléent par les illusions de la vanité, à ce qui feroit le bonheur des esprits cultivés et des ames sensibles. Peut-être ont-ils raison ; mais ce genre de félicité ne me tente nullement.

LETTRE XVIIe.

De Rome, an 9.

Je dois, mon ami, une hécatombe au Dieu du silence, qu'adoroient les anciens peuples de ces contrées, pour m'avoir soustrait aux poignards de ses modernes habitans; mais quoique fidèle au culte de ce Dieu, dans ma route de Naples ici, j'ai commis une légère infraction à ses lois, qui m'auroit coûté cher, sans un innocent mensonge. Pour franchir ce trajet avec sécurité, il falloit abjurer ma qualité de Français : j'étois donc convenu avec M. C***. qu'il paieroit les aubergistes et les postillons; qu'il parleroit enfin, et que je me tairois. Tout aisé, ou peut-être tout difficile qu'étoit mon rôle, je m'en acquittois à merveille, lorsqu'entre Itry et Fundy, lieux trop célèbres par l'assassinat de beaucoup de Français, je suis, en marchant devant ma voiture, accosté par un Napolitain bien digne d'être lazzaron. Je ne sais pas votre langue, lui dis-je, en mauvais italien. — De quelle nation êtes-vous donc? — Anglais. — Anglais?... Bon! vous êtes de ces braves qui nous avez aidés, avec les Russes, à chasser ces *ante-chrits* de Français. Pendant cet argument *ad hominem*, il me frappoit familièrement sur l'épaule, en me montrant un défilé dans lequel une troupe d'insurgés dont il faisoit nombre, avoient égorgé quelques traîneurs, lors de la retraite de Macdonal. Ce dialogue, dans lequel j'ai mis si peu du mien, devint bientôt une véritable narration ; et le bon Napolitain parloit encore, lorsque ma voiture m'atteignit. Je fus prompt à y monter ; et je puis vous protester qu'en pareille occasion, rien n'étoit plus facile, ni moins méritoire que le silence.

Sortis d'embarras par ce petit mensonge, le hasard nous avoit déjà sauvé, près d'*Aversa*, d'un danger plus imminent : le courrier qui y a été assassiné ne nous précédoit que d'un quart-d'heure ; et il est vraisemblable que si nous fussions partis une heure plutôt de Naples, les assassins nous eussent donné la préférence : cela est même hors de doute, s'ils avoient pu savoir que nous étions Français, puisque leur crime alors, fût devenu pour eux, une œuvre méritoire. Dans les consciences napolitaines, il y a évidemment compensation entre un vol, quel qu'il soit, et le meurtre de deux Français. Qui sait même si le mérite de ce saint assassinat, expiant avec usure la gravité du vol qui s'en seroit infailliblement suivi, les casuistes du royaume n'eussent pas trouvé dans la nature du sang, de quoi laver à-la-fois et le meurtre commis, et même quelques fautes à commettre ?...

Cependant, aux précautions près, qu'il nous a fallu prendre pour voyager sans être reconnus, notre route, jusqu'à *Terracine*, a été une promenade charmante à travers des jardins de figuiers, de limoniers et d'orangers en fleurs, qui nous embaumoient de leurs parfums. Nous avons pris, quitté, repris les restes de la voie Appienne. Nous sommes passés non loin des fourches Caudines. Capoue ne nous a pas offert d'autres délices que ceux de son climat; mais nous en avons été dédommagés par l'aspect des sites pittoresques de la Campanie. Je présume que les soldats d'Annibal s'ennivrèrent à Capoue, aussi souvent de Falerne que d'amour. Le voisinage de ces côteaux renommés leur en donnoit du moins les facilités. Quoiqu'il en soit, nous avons jeté sur eux des regards prolongés, en regrettant que ce vin, tant vanté par Horace, ne valût guères mieux, aujourd'hui, que le vin de Surêne.

Gaëte nous a rappelé le pieux Enée, qui

aborda ce promontoire, en sortant des enfers, par la porte d'ivoire. Virgile prétend qu'il le nomma ainsi, du nom de sa nourrice Caïete, à laquelle il fit même élever un tombeau.

Tu quoque littoribus nostris, Œneïa nutrix,
Œternam moriens famam, Caïeta, dedisti.

En traversant les marais Pontains, sur une route construite par le dernier pape, Pie VI, nous n'avons pu nous empêcher de rendre hommage à ce souverain, vraiment digne de la thiare, par les travaux constans dont il a du moins honoré son règne. Le dessechement de ces marais, qu'il suivoit avec un zèle ardent, eût été, sans contredit, le monument le plus honorable à la mémoire de ce pontife malheureux. Ses ennemis prétendent que le but de cette grande entreprise étoit moins la gloire que l'intérêt, et qu'il avoit même donné l'investiture de cette nouvelle principauté à un membre de sa famille : mais quiconque traversera ces solitudes marécageuses, n'en gémira pas moins sur la catastrophe qui a terminé un pontificat si long et si utile. Quant à nous, mon ami, nous ne nous sommes pas contentés de nous attrister sur le sort de Pie VI, abreuvé dans sa caducité de toutes les amertumes, de l'exil et de la captivité ; et après avoir invoqué les foudres du ciel contre le directoire sacrilège, qui souffrit et même provoqua tant d'atrocités, nous avons béni l'homme vraiment grand, qui en a réparé le scandale, aux yeux de l'Europe. Si ce directoire, dans ses magnanimes conceptions, trouva sublime de refuser une tombe à celui qui avoit occupé un trône, tout ce qui, dans le monde, sent le besoin de respecter le malheur, applaudit du moins à cet acte d'une politique aussi saine, aussi utile que grande et libérale.

Entrés à Rome trois heures avant la nuit, notre curiosité l'emporta sur notre appétit ; et une station devant le Colysée, au bas duquel nous fîmes arrêter notre chaise de poste, épuisa bien plutôt la patience du postillon que notre admiration. Des cardinaux aussi barbares que les Goths qui ravagèrent l'Italie, ont pris dans ce monument, les matériaux dont ils ont fait bâtir des palais. Ils le regardoient comme une carrière, et se couvroient même d'un voile de piété, pour consommer cette destruction intéressée, lorsque Clément X arrêta les ravages de cette cupidité ainsi déguisée ; il persuada aux Romains que cette arène souillée du sang des gladiateurs, avoit été purifiée par le sang des martyrs. Il y établit des chapelles, et conserva ainsi ces intéressantes ruines. Sans les instances réitérées du postillon, la nuit nous eût sûrement surpris sous leurs voûtes ; mais elle nous trouva sous celles de Saint-Pierre, d'où nous ne nous serions jamais arrachés, sans l'espérance d'y revenir encore. Depuis huit jours, nous portons continuellement nos hommages et notre admiration devant cette riche, cette imposante, cette magnifique, cette admirable, cette étonnante création. Il est impossible d'en peindre fidèlement les détails ; il n'y a point de langue, assez riche, ni assez expressive pour rendre l'effet simultané de tant de chef-d'œuvres. Dire que Michel-Ange est l'auteur de ce monument, c'est en faire le plus bel éloge. Ce grand homme ne fit pourtant que perfectionner des plans émanés d'une autre tête que la sienne ; il fut forcé de soumettre son génie aux idées des différens architectes qui avoient travaillé les premiers à ce monument. Quel mérite prodigieux ne lui a-t-il donc pas fallu, pour tirer de tant d'élémens divers, la majestueuse simplicité qui le caractérise !

Commencé en 1450, il n'a été achevé qu'en 1614. Presque tous les papes qui se sont succédés pendant cet intervalle, s'en sont occupés ;

huit ou dix architectes y ont employé leurs talens. Les arts, à l'envi l'un de l'autre, l'ont décoré de leur luxe brillant ; et depuis cette époque, jusqu'à la mort du dernier pape, les divers pontifes n'ont cessé de l'embellir. Architectes, peintres, doreurs, sculpteurs, fondeurs en bronze, stukateurs, tous les grands hommes en un mot, qui ont excellé en Italie, dans quelque genre que ce soit, y ont déposé quelques-uns de leurs chef-d'œuvres : mais ce qui étonne, ce qui confond sur-tout l'imagination dans ce monument, c'est l'harmonie miraculeuse de ses proportions. Quoique colossales, leur ensemble ne présente d'abord à l'œil trompé qu'un temple d'une grandeur ordinaire ; et si le compas n'en prouvoit pas les dimensions presque gigantesques, les mystères du génie resteroient ensevelis sous le prestige même de ses plus étonnantes conceptions.

Cet édifice, le seul que les modernes puissent opposer aux anciens, par l'immensité de ses proportions, est précédé d'un péristile de trois cents colonnes, sous lequel circulent les voitures. Les statues qui le couronnent, les rampes spacieuses qui y aboutissent, l'obélisque et les belles fontaines qui en décorent la partie extérieure,

extérieure, tous ces riches accessoires, bien dignes du temple qu'ils annoncent, accablent d'admiration ; il faudroit trois mois pour en parcourir les détails, et ce beau tout exciteroit encore la surprise et l'enthousiasme devant ce que le génie des hommes a fait de plus grand, dans quelque siècle que ce soit.

Qui pourroit, mon ami, demeurer insensible devant tant de beautés reunies? Aussi me sui-je écrié, malgré la sainteté du lieu:

Vers enchanteurs, exacte prose,
Je ne me borne point à vous:
N'avoir qu'un goût est peu de chose:
Beaux-arts, je vous invoque tous.
Musique, danse, architecture,
Que vous m'inspirez de désirs !
Art de graver, docte peinture,
Beaux-arts, vous êtes des plaisirs:
Il n'en est point qu'on doive exclure.

LETTRE XVIII°.

De Rome, an 9.

Mon ami, Rome offre encore tant de chef-d'œuvres, qu'embarrassé du choix, je renonce à vous les décrire. Cette ville,

Veuve d'un peuple roi, mais reine encore du monde,

mérite également ces deux titres, par le caractère dégénéré de ses habitans, et par la quantité des monumens et des objets précieux qu'elle renferme. Mais après vous avoir brièvement parlé de St-Pierre; après vous avoir fait une simple mention du colysée bâti par Vespasien, qui contenoit 120 mille spectateurs, et qui, avec le panthéon, est le mieux conservé de tous les monumens anciens, il faudroit, contre l'usage, aller de *majore à minimo*; d'ailleurs, une simple station de quinze jours que je compte faire ici, et qui touche à sa fin, ne me suffit pas même pour effleurer tant de beautés. Laissant donc de côté les tableaux, dont la victoire s'est appropriée le choix, offert maintenant à l'admiration de la France, je vais butiner sur quelques objets moins brillans sans doute, mais d'un intérêt plus général et faciles à saisir d'un simple coup-d'œil. Si les arts nous procurent des sensations agréables, la société nous inspire souvent des sentimens qui les valent bien. Après tant de maux, après tant de dangers, après sur-tout un isolement si pénible, qu'un accueil franc, hospitalier et affectueux a de douceur! comme il dilate et repose l'ame ! Nous devons ce bonheur à notre ministre C***. qui honore et fait chérir à Rome le nom français que tant d'autres y ont fait mépriser et détester. Nous avons rencontré chez lui le contre - amiral V***. ; il nous donna hier à dîner, et nous avons été présentés ensemble ce matin au pape.

Notre bagage, tout mince qu'il est, n'étant pas encore arrivé, nous fûmes obligés, M. C***. et moi, pour pouvoir nous y présenter décemment, d'emprunter chacun un habit. Celui qu'on m'a procuré avoit toutes les dimensions requises pour une redingotte; celui de M. C***., usurpant au contraire un nom que lui refusoit son exiguité relative, avoit tout au plus, sur son corps, les proportions d'une veste de chasse. Dans l'impossibilité de trouver rien de mieux assorti, nous observâmes judicieusement qu'en établissant une compensation toute naturelle entre sa veste et ma redingotte, cela faisoit justement deux habits ; mais quelque spécieux que fût ce raisonnement, nous redoutions encore de n'être point vêtus d'une manière assez décente, lorsque le souvenir d'un ancien proverbe nous tira d'embarras. S'il est vrai, nous dîmes-nous, que l'habit ne fait pas le moine, c'est sur-tout dans un pays habité en partie par des moines, et gouverné exclusivement par un moine.

Je ne pense cependant pas qu'un tel argument eût été bien convenable sous le règne de Pie VI. Ce pontife, parmi plusieurs autres foiblesses, avoit celle de tenir beaucoup aux formes extérieures. Jaloux de sa belle figure et de ses belles proportions, il ne négligeoit aucun moyen de les faire valoir. Sa toilette étoit recherchée ; il s'efforçoit même de mettre de la grâce jusques dans la pompe des cérémonies de l'église. Il prisoit beaucoup l'élocution facile que lui avoit donné la nature, et repoussoit avec dédain tout ce qui ne se présentoit pas sous des dehors avantageux. Mais il ne paroît pas que notre extérieur ait influé en rien sur le pape actuel, dont l'accueil a été franc, simple et bienveillant. Pendant une demi-heure que dura l'audience amicale et familière qu'il nous a donné, la conversation ayant varié d'un objet à un autre, nous n'avons pas cessé de voir en lui un homme d'esprit, parlant d'abondance, avec facilité ; mais sans prétention. Le prix actuel des grains, dont la rareté multiplie ses embarras, lui a même fourni l'occasion de déployer, sans ostentation, des connoissances administratives, et une sensibilité qui n'avoit rien d'affecté. Je l'avoue de bonne foi, j'imaginois ne trouver en lui, qu'un de ces moines insignifians ou adroits, portés presque toujours au pontificat, par les intrigues et les capitulations inséparables d'un conclave : mais, si du moins, dans cette élection, la fortune a joué un rôle, elle n'a pas été tout-à-fait aveugle, puisqu'elle a placé la thiare sur une tête qui en paroît digne.

Pie VII connoît toutes les difficultés de sa position. Il est convaincu que c'est à la modération seule à les vaincre. Soit que cette modération émane d'une grande force d'ame, soit qu'il la doive aux leçons d'une révolution dont il a su profiter, les conséquences n'en peuvent être qu'heureuses pour le repos de l'Europe chrétienne. Pendant qu'il étoit évêque d'Imola, il appaisa par sa sagesse, deux séditions dans la division du général Augereau; et c'est là qu'il connut Bonaparte, dont il parle avec la plus haute estime. Ce qu'il y a de certain, c'est que dans les circonstances où se trouve l'Europe, personne, plus que Pie VII, ne me paroît propre à fixer l'hésitation des consciences chrétiennes, et à ramener la paix dans l'Eglise.

Admirez ici avec moi, mon ami, la bizarrerie des événemens de mon voyage. Capturé presque au milieu d'une escadre, douze heures après mon départ; maltraité par le plus lâche des Anglais, sauvé par le plus généreux; passant d'une prison dans un palais; forcé, à l'exemple de Saint-Pierre, de renier le nom français dont je m'honore, je reçois l'accueil le plus obligeant du successeur de ce même Saint-Pierre, moi qui en aurois infailliblement reçu un pareil d'Abdala-Menou, disciple zélé de Mahomet, s'il en fût jamais, comme toute l'Europe le sait.

Du palais de Monte-Cavallo, résidence du pape, nous fûmes visiter l'atelier du célèbre sculpteur Canova; et passant du sacré à tout ce qu'il y a de plus profane, le premier objet qui nous frappa, fut un groupe charmant de l'Amour et Psychée. Que leurs regards sont doux! que leurs caresses sont tendres! et cependant, combien la pudeur y est ménagée! On voit à-la-fois dans leurs yeux, la réserve et la volupté. Les formes élégantes et pures de la jeunesse donnent à tout cet ensemble quelque chose d'aérien. Ces membres si harmonieusement groupés; ces contours si mollement arrondis; ces deux jolies figures animées d'amour et de volupté, font de ce morceau anacréontique, un véritable chef-d'œuvre. On se disposoit à l'emballer pour la Russie; et nous l'eussions envié à cet empire, si Canova ne nous avoit assuré que le même groupe existoit en France; mais il n'a pu se rappeler le nom de l'homme de goût qui en a fait l'acquisition.

L'ouvrage le plus marquant de cet artiste, celui sur lequel il fonde le titre le plus assuré de sa gloire, c'est Hercule précipitant dans la mer Lichas, messager de Déjanire. Il n'est encore que moulé en plâtre; il lui faudra cinq ans pour l'achever : mais tel qu'il est, ce morceau est admirable ; et on ne conçoit pas que l'artiste qui a répandu tant de grâces et de molesse dans le groupe de Psychée, ait pu atteindre à une si grande force d'expression. La tête d'Hercule peint, à-la-fois, la fureur et la souffrance portées au plus haut degré. L'attitude du héros saisissant sa victime, rend parfaitement le sentiment qu'il devoit avoir de sa force ; et il n'y a qu'Hercule en fureur, qui puisse, sans invraisemblance, faire ainsi tourner dans les airs l'objet de sa colère. Tout est en action, tout est en mouvement dans ses muscles ; ils sont enflés par la souffrance, ses nerfs en sont tiraillés. Cet admirable ouvrage montre partout les efforts de la nature humaine, dans sa plus grande puissance.

Comme tous les grands artistes, Canova paroît ignorer son propre mérite. Il rougit des éloges qu'on lui donne, avec cette pudeur qui en confirme si bien la justice. Tout entier à son art, il a si peu songé à sa fortune, que des besoins pécuniaires l'ont forcé, tout récemment, de se défaire d'un morceau précieux qu'il se proposoit d'offrir à sa patrie. Il y avoit, dit-il, épuisé les ressources de son foible talent ; et au ton pénétrant dont il parloit encore de cette cruelle nécessité, il ne nous fut que trop facile de voir que c'étoit là son ouvrge de prédilection.

LETTRE XIXe.

De Rome, an 9.

On compte, à-peu-près, quarante lieues de distance de Naples à Rome; mais à en juger par la différence du sang, qui a pourtant une même origine, il sembleroit qu'il y en a mille. Des traits communs, une peau noire, des tailles épaisses, une vieillesse précoce, de grandes bouches sur-tout; voilà ce qui frappe les étrangers dans le sexe de Naples. Ici au contraire, les femmes ont un beau teint, et les hommes de belles formes. L'on y retrouve, dans toutes les classes, cette pureté de traits et ce beau caractère de têtes, dont les statues antiques et quelques Romains modernes, seulement, offrent encore des modèles.

Quant aux moeurs, elles sont ici ce qu'elles sont à Naples, c'est-à-dire, extrêmement libres. Le libertinage y est sans honte; la pudeur sans voile; la liberté sans aucune espèce d'entraves. On croiroit, peut-être, que le saint office ne pouvant s'opposer à cette corruption, force au moins les Romains à la couvrir des ombres du mystère ; il n'y a pourtant point de ville en Europe où le libertinage, et je pourrois presque dire le cynisme, se montre à front plus découvert : tandis qu'en Espagne, dans les villes du second ordre, on emprisonne, on bannit, on promène encore sur des ânes les femmes publiques, des prêtres eux-mêmes font ici, paisiblement, le métier de proxenètes, et colportent, assez publiquement, des portraits dont les originaux sont à vendre. Cette liberté confirme ce que disoit, à cet égard, je ne sais quel voyageur : *Pourvu que vous ne touchiez point à l'arbre du gouvernement pontifical, vous pouvez faire tout ce que vous voudrez sous son ombre.*

Il n'est pas, au reste, bien surprenant qu'un commerce si étendu se fasse par des entremetteurs ; car, qu'est-ce qui ne se fait ici par leur ministère ? L'étranger s'efforceroit en vain de leur échapper ; il n'évitera un de leurs piéges, que pour tomber dans un autre. Aubergistes, domestiques, cafetiers, perruquiers, moines questeurs, tous font ici, aux dépens des étrangers, le métier d'entremetteur. Depuis la duchesse, dont quelques-uns de ces officieux procurent quelquefois les faveurs, jusqu'au tailleur ou au cordonnier, qu'ils vous indiquent, chacun leur donne une rétribution quelconque. Quoique bien avertis, à nos dépens, de leur adroite souplesse, nous avons inutilement cherché à nous y soustraire. Croiriez-vous qu'après avoir pris tous les genres de précaution afin de traiter directement avec un voiturier qu'on nous désignoit, pour nous mener à Florence, et après avoir même passé un compromis avec lui, il s'est trouvé que nous n'avions réellement traité qu'avec un *censal*? Ce qu'il y avoit de plaisant dans ce mécompte, c'est que sa qualité, une fois bien reconnue, il prétendoit que nous serions conduits par son frère, et s'étayoit ingénument de cette circonstance, comme d'un droit à l'appui de son traité.

On compte à Rome six ou sept théâtres; deux seulement sont ouverts : je les fréquente régulièrement et me propose de vous en entretenir. La musique y joue le principal rôle, il est vrai; mais, sans avoir la théorie de cet art, tout homme bien organisé en a le sentiment, et peut, sans ridicule, parler des sensations qu'il en reçoit, pourvu qu'il n'ait pas la prétention d'en expliquer les procédés.

Quand je dis que la musique joue le principal et presque l'unique rôle dans les opéra italiens, je n'exprime là qu'une vérité si connue, qu'elle en est devenue triviale : mais à moins d'en avoir été témoin, on ne s'imagine pas jusqu'à quel point les Italiens, dans leurs cannevas, portent tous les genres de défauts. L'invraisemblance de leurs plans, le décousu de leurs scènes, des caricatures au lieu de portraits, des inconvenances continuelles, doivent déplaire à tous les hommes raisonnables; mais ce qui doit les révolter, c'est que la peinture des moeurs offerte dans leurs opéra, est véritablement celle de la débauche. Ce sont des soeurs qui, sans vergogne et sans pudeur, se disputent des amans ; ce sont des marquises et des comtesses amoureuses de leurs valets ; et, quelquefois même, ce sont des assassinats médités avec le sang-froid que pourroient y mettre des bourreaux.

Si l'on excepte ceux de Metastaze, et ceux de Zeno, qu'on ne joue plus, les opéra sérieux ne valent gueres mieux : il semble même qu'ils se fassent un jeu d'en détruire, à plaisir, toutes les vraisemblances. Est-ce bien de dessein prémédité qu'ils dénaturent les conceptions dramatiques ? Et, seroit-ce pour concentrer d'avantage le plaisir de la musique, qu'ils lui sacrifient les jouissances de l'esprit et de l'ame, au point même de violer le bon sens? Tout faux que seroit un pareil calcul , je suis pourtant porté à y croire, toutes les fois que j'assiste à la représentation de leurs opéra sérieux. Comment s'accoutumer, en effet, à voir un héros, un sage, un consul romain descendre tout-à-coup au rôle d'acteur gagé, saluer le parterre à la française, et revenir même plusieurs fois sur le théâtre, se prostituer devant les acclamations prodiguées à ses roulades? Mais s'il n'y a rien là pour l'esprit et le cœur, si tout y est même contre le goût et la raison, si un Français, sur-tout, accoutumé aux chef-d'œuvres de notre scène, est d'abord révolté de tant d'extravagances, bientôt subjugué par le charme irrésistible d'une musique délicieuse, il perdra sa sévérité ; et les reproches de son goût exhalés au milieu des sensations les plus agréables, s'évanouiront comme les ombres du Ténare aux accens d'Orphée. Où trouver, en effet, le courage et la faculté de raisonner, lorsque les sens se trouvent asservis aux accens divins des Piccini, des Anfossi, des Paësiello et des Cimarosa? Non, mon ami, je ne suis plus étonné des prodiges opérés autrefois sur des peuples, dont les Italiens se rapprochent par leur heureuse organisation: personne même ne le seroit, si tous les hommes bien organisés avoient fréquenté les parterres de Naples et de Rome, et s'ils avoient pu juger des impressions qu'y produit cet art enchanteur.

Nous autres Français, nous applaudissons bien quelquefois avec enthousiasme ; mais ici, c'est avec une espèce de délire. Je parle sans figure ; et je vous proteste, qu'au silence le plus absolu, succèdent dans certains morceaux, de véritables palpitations, des accens étouffés, une joie haletante, et bientôt une ivresse véritable, qui éclate en *bravos*, en cris de plaisir, en trépignemens de pieds, aux acclamations cent fois répétées de *Maestro ! Viva el Maestro !*

Les épigrammes, cependant, se mêlent quelquefois à ces éloges ; et lorsque le parterre s'apperçoit, dans un nouvel ouvrage, de quelques plagiats ou de quelques réminiscences dont il reconnoît le véritable auteur ; le nom de l'auteur original, accolé de *bravos* cent fois répétés, fait une justice terrible du plagiaire. Si nos parterres connoissoient mieux les partitions italiennes, les occasions d'exercer ces justes punitions ne leur manqueroient pas, car il est facile de voir que plusieurs de nos compositeurs ont fouillé ces mines d'idées musicales. Quelques jours avant mon départ de Naples, j'y fus témoin d'une de ces expiations. A la première représentation d'une pièce dont la musique étoit del signor *Fioravanti*, j'entendois, à certains passages, un de mes voisins crier à plein gosier : *Paësiello*, *Paësiello*. Curieux de connoître la cause de ces bruyantes interpellations, je la lui demandai, et appris de lui qu'il avoit reconnu quelques plagiats faits sur ce compositeur, et qu'il rendoit ainsi à César, ce qui étoit à César.

Dans nos opéra comiques, le poëte et le compositeur se font des sacrifices mutuels, ou se prêtent réciproquement des ressources. En Italie, au contraire, la musique domine en souveraine. Le poëte, son très-humble serviteur, fournit seulement le squelette, que bientôt le musicien animera de formes aimables, gracieuses et expressives, et qui donneront aux inspirations de cet Orphée, autant d'amans que d'auditeurs. Aussi, aux belles productions de Paësiello et de Cimarosa, je me surprends, comme mes voisins, dans ces accès d'amour; je bats, comme eux, des pieds et des mains, et m'abandonne au même délire. Je ne me lasse pas d'admirer la beauté de leur chant, la richesse de leur composition, toujours originale,

nale, et la fécondité de leurs motifs. Ce qui me ravit, sur-tout, c'est la pureté mélodieuse de leurs airs : les sons en paroissent si bien liés, ils sont si dépendans les uns des autres, que l'oreille qui les reçoit, avec tant de plaisir, semble les avoir déjà devinés.

Dans leur cantabilé, des accompagnemens brillans semblent se jouer autour du chant principal, et l'enrichissent sans le surcharger. Leur grâce brillante et facile l'embellit toujours, sans y porter la moindre confusion.

Leurs morceaux d'ensemble sont admirables, sur-tout, par l'heureuse distribution de toutes les parties. Lorsque la situation particulière des divers personnages force le compositeur à plier momentanément le motif dominant à ces situations épisodiques, il tire toujours de cette difficulté même, un charme de plus ; et je ne connois pas d'art plus aimable que celui par lequel il ramène, par des modulations pleines d'expression et de naturel, tous les personnages à la situation principale.

Il est rare que l'exécution des morceaux d'ensemble, si souvent médiocre en France, laisse ici quelque chose à désirer : la précision, la méthode et la pureté sont des avantages communs à tous les chanteurs. Par instinct, plus encore que par réflexion, ils sentent que le chant, loin d'être une convulsion de la douleur, n'est que l'élan des sentimens de l'ame; et que des cris ou des accens forcés, propres tout au plus à exciter des souffrances physiques, ne furent jamais destinés à rendre les passions tendres. Le goût naturel qui les avertit des limites de leur art, leur dit, que des émotions trop profondes et trop prolongées, par cela même qu'elles deviennent douloureuses, sortent de son domaine; aussi, ne les voit-on jamais forcer leurs moyens, quelques foibles qu'ils soient; mais, par un effet de cette organisation qui subordonne machinalement leur amour-propre lui-même aux iuspirations d'un art dont ils sont idolâtres, les plus belles voix, dans leurs morceaux d'ensemble, renoncent volontairement à leurs avantages, concordent avec les plus foibles, et dédommagent le puplic de ce léger sacrifice, par la précision et l'accord parfait de leur exécution.

Est-ce au mérite des compositeurs, est-ce à celui des chanteurs, est-ce à la situation de mon ame que je dois les vives impressions dont la musique semble aujourd'hui m'enchanter? Je l'ignore; mais je n'en ressentis jamais plus profondément le charme. Il existe surement, entre nos affections et une certaine combinaison de sons, des rapports sympathiques ; et l'effet que j'en reçois ne m'a jamais porté plus machinalement vers des projets honorables et des sentimens honnêtes. Qui sait, en effet, si ces rapports bien étudiés et une fois connus ne fourniroient pas les moyens de modifier nos affections, de telle ou telle manière ? Si la science de *Lavater* existe, si l'habitude des passions dominantes en laisse des traces sur la physionomie, et s'il est vrai qu'une suite d'observations bien faites puisse conduire à la connoissance des principes de cette nouvelle science, qui osera soutenir que l'effet combiné de certaines vibrations sur nos affections morales, ne sera pas un jour connu, calculé, et qu'on ne parviendra pas à en tirer parti pour le bonheur de l'espèce humaine ? L'histoire de Saül et la fable d'Orphée ne sont, peut-être, que les emblêmes de cette vérité ; mais, si c'est un rêve, du moins il est doux de s'y livrer, et d'espérer qu'on pourra nous mener un jour au bonheur, par le plaisir. Le goût pour la musique n'est peut-être aussi vif dans toute l'Italie, que parce qu'il procure, à-la-fois, un plaisir et une ressource. Dans un pays où l'on ne cultive presque pas les sciences, où la chaleur invite au repos, et où le commerce est nul, les habitans aisés, obligés de faire une guerre perpétuelle à l'ennui, trouvent dans les spectacles un refuge toujours assuré contre cette véritable maladie de l'esprit. Sans les arts, sans la musique sur-tout, le tems, ce trésor des hommes occupés, tombant de toute sa pesanteur sur des ames vides et sans ressort, les accableroit de ses coups.

Spectacles et promenades, tout atteste à Rome, cette vérité; et je n'y vois par-tout, que des combats interminables de l'inoccupation contre l'ennui. Ces prélats, ces cardinaux, ces duchesses, ces marquises, tout ce beau monde oisif qui, à la chûte du jour, vient passer des heures entières, en voiture, dans une rue ou sur la place Navone, porte dans tous ses mouvemens et dans tous ses traits les stigmates de ce cruel tyran. Tourmentés d'un loisir plus pénible que le travail, ils soupirent de fatigue au sein même du repos et des besoins, satisfaits de leur vanité; et il ne faut que les voir, pour dire avec Voltaire :

Le travail fut toujours le père des plaisirs.

Au reste, pendant que les Romains se promènent en voiture, dans les allées poudreuses du parc de *Villa-Borgheze*, et que l'étiquette leur défend d'en descendre, nous quittons la nôtre pour aller en fouler les gazons. Eh bien, mon ami, l'on nous reconnoît pour étrangers, uniquement parce que, couchés sur une verte pelouze, nous voyons à notre aise, la vanité en carosse, circuler, en bâillant, dans des tourbillons de poussière.

LETTRE XIXe.

Gênes, an 9.

Ce n'étoit pas sans raison, mon ami, que nous redoutions les courtiers de Rome ; vous allez voir que ce sont de véritables Sbrigani.

Forcés de nous joindre à cinq autres voitures pour parcourir avec moins de dangers les routes de la Toscane, nous attendîmes deux jours que cette espèce de caravane fût réunie. Le jour indiqué pour le départ, on vient nous éveiller, on charge nos malles, et nous nous disposions à partir, lorsque nous nous apperœvons qu'à une voiture commode et bien suspendue, que nous avions choisie et essayée, on avoit substitué une espèce de cage à poulets, propre tout au plus à conduire des malfaiteurs. Nous refusons de monter, nous faisons décharger nos malles et menaçons de porter nos plaintes.

Notre voiturier, persistant dans sa mauvaise foi, juroit Dieu et la Vierge, que nous étions dans l'erreur, lorsqu'un voyageur des cinq voitures réunies à la nôtre, vint l'accuser de la même fourberie, et réclamer la voiture promise. A peine cherchoit-il à lui répondre, qu'un troisième l'interpelloit avec colère sur le même motif. Pendant cette triple altercation, le frère de notre fripon soutenoit à quelques pas de nous, la même attaque contre les trois autres *carossées*; et il étoit bien démontré que la voiture promise à tout le monde n'avoit été donnée à personne. Plus heureuse que l'épouse du roi de Garbe, elle avoit, quoique six fois fiancée, conservé son lustre virginal; car, pendant que tous les voyageurs réunis contre les deux fripons, se disputoient cette pomme de discorde, notre commis conduisit quelques plaignans sous la remise où elle reposoit en paix dans toute sa fraîcheur.

A la vue de cette pièce, qui attestoit matériellement six fourberies, la fureur de la caravane est à son comble: moines, prêtres, évêques, militaires, domestiques, Romains, Gênois, Français, et jusqu'à une dame moscovite, qui en faisoit partie, demandoient tous à-la-fois justice et vengeance. Le pauvre Félix lui-même, suffoquant d'indignation, et cédant au besoin de s'y livrer, l'exhaloit machinalement en bon patois gascon, bigarré de créole.

Eh bien, le croiriez-vous, mon ami, ces Romains dégénérés, insensibles à la plus véhémente philippique que l'indignation ait jamais inspiré, sourioient malignement, et ne voyoient, dans cette naïve et vertueuse colère, qu'une diversion plaisante à tant de vacarme.

Cependant le conducteur, digne par son énergie de soutenir une cause plus juste, avoit encore pour un quart-d'heure de voix et de poumons; et quoiqu'il se trouvât dans l'une des carossées, un chantre de cathédrale, il ne se disposoit pas moins à user courageusement de ses dernières ressources contre des forces si supérieures. Il nous fut alors démontré que nous n'obtiendrions justice de cet enragé, que par l'autorité légale: nous allions la réclamer du secrétaire d'état lui-même; mais le frère du fripon avoit prévu le dénouement, et nous épargna ce nouveau retard: par précaution il s'étoit déjà procuré deux nouvelles voitures; leur arrivée termina cette guerre burlesque, où par un jeu du hasard assez singulier, il se trouvoit des représentans de toutes les nations. La foule qu'avoit rassemblé cette bruyante contestation, applaudit tellement à ce résultat, que notre départ fut une espèce de triomphe.

Le beau ciel de Rome n'éclaire aujourd'hui

que des campagnes misérables, incultes, dépeuplées et semées de quelques mauvais gîtes, aussi sales, aussi dégoûtans et aussi dépourvus que les auberges de l'Espagne. Celles de la Basse-Bretagne, quelques mauvaises qu'elles soient, lorsqu'on les compare à ces réceptacles infects, pourroient passer pour des palais ou des magasins d'abondance. La Toscane, sans en avoir de bonnes, en a de moins mauvaises; mais il n'existe pas de contraste plus frappant que celui des campagnes de ces deux états contigus : c'est la mort et la vie; c'est la disette et l'abondance.

A peine a-t-on gagné Sienne, ville propre, bien bâtie, mais triste, que le pays s'embellit à vue d'œil. Ce sont par-tout les tableaux de l'industrie ou les prodiges de la culture la plus variée. Cette partie de la Toscane est sans contredit le pays le plus joli et peut-être le plus agréable de l'Italie. Riche des mains du travail et des présens de la nature, le voisinage des Apennins en tempère les chaleurs. De beaux chemins décèlent un pays bien administré; et des maisons, toutes élégamment bâties, semées avec profusion dans les plaines, ou à mi-côte, prouvent une population riche et nombreuse.

La culture elle-même, secondant cette heureuse prodigalité, a quelque chose de soigné dans ses formes. Des plants de mûriers, des prairies coupées uniformément, offrent partout des carrés de verdure, diversement nuancés. Ils sont entrecoupés par des vignes, dont les sarmants jetés avec grâce d'un arbre à l'autre, présentent la fécondité, parée des charmes de l'élégance. Ces tableaux, présages heureux de l'abondance, s'enrichissent encore de celui de la gaieté des habitans. Des vêtemens d'une forme gracieuse, ajoutent même à la magie de ces sîtes pittoresques, et sous ces pampres qui tombent et se relèvent en festons, les paysannes que l'on rencontre, ont toutes de jolis chapeaux de paille ornés de rubans. En vérité, mon ami, l'imagination poétique, dans toute la liberté de ses créations, n'a rien produit de plus aimable.

Telle est la route que l'on parcourt depuis Sienne jusqu'à Pise, ville entièrement déchue de la splendeur où l'avoit portée le commerce de l'Inde. Vingt mille habitans végètent aujourd'hui dans son enceinte, qui en a contenu jadis six fois autant.

A peine avions-nous choisi notre logement, qu'un inconnu demande à nous parler, sous prétexte d'affaires importantes : il est introduit. Son costume bizarre répondoit à la singularité de ses manières ; il s'avance gravement, le front baissé, et nous présente, dans un plat d'étain, un rouleau de papier noué par un ruban rose. Il étoit, nous a-t-il dit lui-même, poëte de la ville, et le rouleau contenoit un sonnet en notre honneur. Je regrette bien d'avoir égaré l'œuvre poétique ; mais vous saurez du moins que nous y étions qualifiés *d'illustrissimes* ; que nous y avions des vertus incomparables, et un mérite universellement reconnu, comme tous nos prédécesseurs et successeurs dans ladite auberge ; et que *la ville de Pise se réjouissoit de nous voir dans son sein.*

J'ai oublié le nom du poëte, qui dut sa fortune à un mauvais sonnet ; mais en recevant seulement quelques misérables paules pour le sien, notre Toscan se trouva si heureux, qu'il nous exprima sa reconnoissance profonde par un débordement de superlatifs, dont il accusoit la foiblesse et l'insuffisance : il porta même l'humilité un peu trop loin ; car M. C*** lui ayant demandé s'il vouloit être notre *Cicérone ;* à l'instant, le noble enfant des Dieux, dégradant son caractère, se saisit d'une brosse, se met à nétoyer nos habits, et s'établit notre valet le plus humble, sans se douter du respect que nous pensions devoir à un faiseur de sonnets; oubliant ainsi sa qualité de complimenteur public et d'interprête de l'estime *infinie* dont toute la ville de Pise étoit pénétrée envers nos *illustrissimes* personnes.

Il faut l'avouer, nos droits à tant d'illustration, ne reposoient encore que sur notre appétit, qui venoit de dévorer un excellent plat de maccarony.

J'allois cependant chasser ce profanateur du plus noble des arts, lorsque je me rappelai qu'Apollon a bâti des murailles, et que le maître ayant été maçon, il étoit bien permis à son disciple d'être un manœuvre.

Son sonnet, dont l'éxagération faisoit une pièce burlesque, caractérise assez bien les dédicaces italiennes. Il est, en effet, difficile d'imaginer jusqu'à quel point on porte, en Italie, la servilité des complimens dans les écrits, et la bassesse des protocoles dans le langage. Je sais bien que les poëtes ont en leur faveur, le *quid libet audendi;* mais le maître dont ils s'étayent, a dit aussi : *Est modus in rebus.*

La flatterie qui ne devroit être que l'art de jouer avec la louange, est ici une véritable prostitution. Au lieu de cacher la fadeur des éloges sous la grâce des tournures, on en boursouffle l'expression, et l'on en exagère le sentiment. Les poëtes croyent, en un mot, n'avoir bien honoré leurs protecteurs, que lorsqu'ils ont épuisé en leur faveur, le dictionnaire de la servitude. Conserver toute la dignité du talent ou du genre, sans blesser la vanité qu'on cherche à caresser, est un avantage presque exclusif aux Français. Voltaire, avec sa brillante facilité, sa grâce inimitable et sa familiarité toujours décente, a porté cet art dangereux plus loin, peut-être, qu'on ne le portera jamais.

De Pise, nous nous rendîmes à Lericy, petit port du magnifique golfe de la Spezzia. Une felouque que nous y fretâmes, nous transporta ici en deux jours. Cette navigation est périlleuse, par la grande quantité de forbans algériens, anglais et renégats. Cachés dans les anses que forment les inégalités de la côte, ils tombent, à l'improviste, sur vous, au moment où vous en doublez les pointes ; mais, grâces à toutes nos précautions, nous avons fait ce trajet sans fâcheuse rencontre.

LETTRE XXIe.

De Gênes, an 9.

GÊNES, comme Tyr, comme Carthage, atteste les miracles du commerce. Restreinte dans un territoire borné, montueux et aride, elle a de tout tems offert, dans la Méditerranée, les prodiges d'activité et de prospérité dont les Hollandais, sur l'Océan, étonnent le monde, depuis quelques siècles.

Carthage, à qui elle donnoit déjà de la jalousie, la subjugua. Elle subit aussi, comme tous les peuples, le joug romain. Elle résista courageusement aux Goths qui la pillèrent et la saccagèrent. Mais si, à ces trois époques, les Génois perdirent leur indépendance, ils la défendirent du moins avec énergie, et la conservèrent toutes les fois que la destinée laissa quelques chances à leur courage. L'histoire de leurs guerres extérieures et de leurs révolutions intérieures fournit, à chaque page, des preuves de leur énergique opiniâtreté; et elle n'offre peut-être qu'un seul trait d'humiliation : je veux parler de l'époque où leur doge vint à Paris, se prosterner devant Louis XIV.

Malgré les longues guerres contre les Sarrazins et les Pisans; malgré les troubles intérieurs auxquels Gênes a été en butte jusqu'à l'époque où André Doria, par un dévouement bien rare, se montra le restaurateur désintéressé d'une sage liberté, son commerce n'a cessé de s'agrandir. Forcée de renoncer aux établissemens qu'elle avoit formés dans la Mer Noire et dans l'Archipel, elle n'en a pas moins conservé le commerce indirect, sans cesser de dominer en grande partie, dans celui de la Méditerranée. Tandis que cette profession étoit interdite à la noblesse de presque toutes les nations qui l'avoisinent, cette république, plus sage ou plus éclairée, par sa situation maritime, fondant exclusivement sa puissance sur ses produits, comptoit ses plus nobles familles au nombre des meilleures maisons de commerce, et fécondoit par leurs capitaux, les ressources que tarissoit chez ses voisins le préjugé qui en écartoit la noblesse.

Considéré sous les rapports de la société, le caractère des Génois n'a rien d'attrayant; il est loin de la gaieté napolitaine, plus loin encore de l'aménité toscane; et n'a, ni la doucœur, ni la facilité de celui des autres peuples de l'Italie. Les orages d'un gouvernement presque toujours agité, lui ont donné l'empreinte des passions véhémentes. Elevés au milieu des partis qui s'entrechoquoient, les Génois s'y sont nourris des impressions et du besoin de la vengeance; mais cette énergie de caractère qui perpétue les agitations intérieures, les a éminemment servis dans les crises nationales. Quoique souvent divisés entr'eux, ils se sont toujours franchement réunis, dans un danger commun; et, si ce fut par un mouvement spontané d'indignation qu'en 1746 ils chassèrent les Autrichiens, ce fut par des mesures sages, par des sacrifices bien entendus, et par l'énergie d'un bon esprit public, qu'ils sortirent des dangers attachés à la foiblesse de leur existence politique.

L'histoire mémorable du dernier siége de cette ville, atteste ces vérités jusqu'à l'évidence. Il est difficile de se faire une idée des privations et des souffrances auxquelles ils se sont résignés, et il est impossible d'entendre les détails douloureux de l'espèce de peste qui suivit la famine, sans admirer une constance si opiniâtre.

La fameuse banque Saint-George, qui existe

existe depuis plus de 450 ans, est un monument incontestable de cette harmonie nationale, qui, dans tous les tems, a caractérisé les Génois. Elle fut fondée au milieu de la plus terrible crise qui les ait menacés; et au moment même où ils avoient à leurs portes une armée formidable : les citoyens les plus riches fournirent dans ce danger des fonds considérables; et le gouvernement engagea ses revenus pour leur remboursement. Perfectionnée depuis au milieu des dissentions et des guerres civiles, elle a survécu à tant d'orages, sous la garantie de ses premiers élémens, qui n'en ont point été altérés. Il est bon d'observer que le peuple génois, qui a terminé presque toutes ses convulsions intérieures, en se jetant entre les bras des nobles, a pourtant formellement exclu la noblesse de cet établissement. Il a aujourd'hui de grands revenus; et l'on prétend que ses réglemens ont servi de modèle à la banque d'Amsterdam. Si, pendant que les Autrichiens étoient maîtres de Gênes, leurs exactions en ébranlèrent un instant le crédit, il n'en acquit que plus de confiance et de splendeur, lorque Richelieu, Boufflers et la paix rendirent les Génois à eux-mêmes.

La banque possède d'immenses bâtimens, qu'on nomme le *Port franc*, où toutes les marchandises qui arrivent à Gênes, doivent être entreposées. C'est le centre de toutes les opérations matérielles du commerce. Les négocians sont forcés d'y louer de la banque elle-même, les magasins dont ils ont besoin. Toutes leurs opérations les ramènent tellement vers ce point central, que beaucoup y ont établi des bureaux et font leur correspondance au milieu de leurs ballots de marchandises. Ils ne peuvent se servir que des porte-faix attachés à l'administration. Leur nombre est fixé, et l'enceinte s'ouvre et se ferme deux fois le jour. Cet usage me semble avoir quelque chose de contraire à la marche indépendante du commerce ; il doit nécessairement la semer de lenteurs et d'embarras ; mais les Génois y sont tellement habitués, qu'ils ne supposent pas qu'il en puisse exister de plus libre. Cependant l'intérêt de la banque est ici formellement en opposition avec l'intérêt général, et c'est le cas ou jamais, d'invoquer contre elle cette maxime commerciale, si formellement reconnue vraie par la théorie et l'expérience : *laissez faire.*

Que ce reproche soit fondé ou non, je ne le hasarde pourtant qu'avec une certaine défiance de mon opinion, puisque tout ici atteste les bienfaits de l'industrie; puisque c'est elle qui a élevé et ces somptueux palais qui décorent les bords du golfe, et ces rues presqu'entièrement bâties en marbre, les plus belles, sans contredit, de l'univers. Rien n'est plus riche, rien n'est plus imposant, que les rues *Nova* et *Novissima.* Elles ne contiennent pas une seule maison, qui ne frappe ou par ses proportions, ou par la quantité de ses marbres, ou par des péristiles, des pilastres et des colonnades de la plus grande richesse.

La nature avoit presque déshérité cette plage, des trésors de la culture; mais la baguette magique du commerce y a élevé cette multitude de palais, pour attester à-la-fois les bienfaits, les triomphes et les prodiges du travail auquel elle a voulu sans doute condamner l'humanité.

Une ville si riche qui prêtoit même autrefois des sommes énormes à la France, doit compter des théâtres parmi ses monumens; elle en a plusieurs en effet; mais celui que je fréquente le plus, quoique très-vaste, n'a rien de remarquable. Dans ce moment il est occupé par une assez bonne troupe, qui y joue le grand opera. Je ne me lasse pas d'y entendr la signora *Catarana*, une des premières chanteuses d'Italie. Une belle qualité de voix, une grande pureté de sons, un goût exquis et une excellente méthode, ne laissent rien à désirer dans son chant. Elle paroit depuis quelques jours dans les *Bacchanales de Rome*, opéra de *Maio*. Son talent brille sur-tout dans cette musique, dont le compositeur négligeoit tellement l'expression pour la difficulté, que je l'ai entendu accuser d'avoir contribué à la décadence de l'art. Ce qui est certain, c'est qu'il y a de très-beaux morceaux dans les *Bacchanales*. La musique m'en paroît plus harmonieuse que chantante. Il y a par intervalles, il est vrai, d'heureux traits de chant; mais ils ne font, pour ainsi dire, que paroître et s'éclipser sous de beaux effets d'orchestre.

Le sexe, mon ami, me paroît ici très-joli. Le voile de mousseline, nommé *messaro*, dont se couvrent les femmes, leur sied très-bien, et donne quelque chose de piquant à la curiosité. Un avantage sur-tout qui les distingue de toutes les autres femmes d'Italie, c'est la blancheur, c'est l'extrême propreté de leurs vêtemens. La richesse d'une ville commerçante appelle sans doute le luxe aimable du beau linge; je le retrouve ici, tel que je l'ai vu dans les colonies; et on en sent davantage le prix, lorsque l'on vient de parcourir les états de Naples et de Rome.

Le sigisbéisme est à Gênes plus commun que dans toute autre ville d'Italie. Il est difficile de donner une explication satisfaisante de cet usage singulier. Les maris abandonnent-ils une partie de leurs droits pour conserver les plus précieux? Ou si chaque époux peut à son tour être sigisbée d'une belle. Ne seroit-ce pas plutôt là une espèce de poligamie déguisée? Cette dernière supposition n'est peut-être pas dénuée de vraisemblance. Les prêtres et les moines se taisent d'autant plus volontiers sur cet article, qu'ils jouent ce rôle comme les autres.

Dans la première de ces suppositions, le calcul seroit évidemment faux, puisqu'il contrediroit le voeu le plus absolu de la nature. Il faudroit en effet refondre les hommes, il faudroit donner une nouvelle édition de leur cœur et de leurs sens, pour supposer que deux êtres qu'un usage bizarre rapproche à chaque instant, leur donneront constamment un démenti; et c'est pourtant ce que fait supposer le nom dont on les honore. On les appelle *Patitos*, c'esr-à-dire, souffrants. Quelques-uns ont la sottise de le mériter. Mais depuis que les Français s'en mêlent, tout a bien changé, dit-on, et pour peu que cela dure, il faudra leur en donner un contraire.

Cette institution semble si naturelle, que lorsqu'une famille marie une fille, on songe à lui donner un sigisbée. Le choix s'en fait toujours d'un commun accord. Les femmes ne sortent jamais sans s'en faire accompagner, et celles qui sont assez malheureuses, assez laides ou assez mal-adroites pour n'en pas rencontrer, louent un domestique à la journée, pour masquer cet abandon. Au spectacle, l'usage attribue au sigisbée la place de devant, tout à côté de son idole; mais lorsque la divinité veut honorer un étranger, en la lui offrant, le sigisbée boude à la fois contre l'usurpateur de ses droits et contre celle qui en a provoqué la violation. J'étois curieux de connoître en détail les effets singuliers de cette bizarre coutume, et un jeune et aimable Gênois m'indiquoit les couples que je devois observer : je crois pouvoir, en conscience, vous donner comme irrécusables, les résultats de mes observations, en assurant que parmi tous ces *patitos*, il y en a très-peu qui méritent leur nom. Leur air distrait et inattentif, leurs bâillemens continuels, annoncent bien plutôt des hommes en possession des droits conjugaux, que des amans empressés.

LETTRE XXIIe. ET DERNIÈRE

Milan, an 9.

Au moment de partir de Gênes pour Turin, j'ai appris que notre respectable ami le général Mo***., commandoit l'armée d'Italie. Milan, par son importance, méritoit bien le détour auquel m'a décidé le besoin d'embrasser ce digne ami : je vous avoue, cependant, que dans l'ardeur fatiguante des vœux qui me portent vers vous, il ne me falloit pas moins qu'un motif de cette nature, pour me déterminer à pareil retard. Mais jamais sacrifice ne s'est trouvé moins méritoire ; car jamais je n'ai mieux goûté le baume de l'amitié. Depuis trois mois de malheurs, c'étoient les premiers accents que ce sentiment me fît entendre ; et j'en étois sevré depuis trop long-tems, pour ne pas les recueillir avec la plus tendre émotion. Heureux de l'avoir rencontré, je l'étois encore doublement, de pouvoir parler de vous. Non, mon cher, je ne sais rien de si doux et de si consolant, que ce tendre réveil du cœur, après un isolement qui m'en avoit moins paru le sommeil que la mort.

Le général croit à peine le récit de mon odyssée; il ne conçoit pas sur-tout comment j'ai eu le courage de m'arracher à tant d'affections, pour suivre un projet dont le but honorable ne rachetoit pas, selon lui, l'incertitude et les dangers. Trop d'accord avec lui, sur cette vérité, j'en oublie pourtant les résultats, à mesure que je me rapproche de vous, et j'en ai même perdu jusqu'au souvenir, dans l'effusion de son tendre accueil.

Il est au reste, ici, ce qu'il étoit à l'armée des Pyrénées; presque tout le monde le chérit, et ses ennemis mêmes, qui l'estiment, n'osent troubler le concert de louanges que chacun donne à ses vertus. Vous sentez que, comme Français et comme ami, j'ai doublement joui de le trouver commandant en chef. S'il est doux de rencontrer dans un ami, cette alliance si rare du pouvoir et de la vertu, c'est sur-tout lorsque personne n'ose la contester.

En ne consultant que ses goûts ou son bonheur particulier, nous devrions faire des vœux pour le revoir auprès de nous; car grâce à la trempe ardente de son ame, je l'ai toujours vu plus malheureux du bien qu'il ne pouvoit faire, qu'heureux du bien qu'il avoit fait. Vous vous imaginez bien, que les circonstances contrarient souvent ces besoins généreux ; et que dans le partage de ses affections, les regrets occupent une plus grande part que les jouissances.

Je ne vous dirai rien, de Milan. Vous savez que c'est presque aujourd'hui une ville française, qu'on appelle même le *Paris de l'Italie*. D'ailleurs, je n'en parlerois que sur parole, puisque j'ai passé à-peu-près tout le tems de mon séjour à la campagne du général. C'est de sa bouche que j'ai appris que les vœux de nos bons amis d'Ep.... étoient exaucés, et que la nature venoit enfin de leur donner un fils. Déjà ils devoient à leur bonté naturelle le titre de pères, que le hasard dispense toujours ; elle leur avoit même créé une famille nombreuse. C'est donc une justice de la providence, de leur avoir offert dans une paternité naturelle et légitime, les jouissances d'un état dont ils avoient si gratuitement rempli les devoirs. Ceux qui font du bien en suivant tout bonnement leur inclination, sont heureux sans doute, et n'en méritent cependant pas moins des hommages ; mais ceux qui, comme eux, fécondant cette bonté naturelle par les devoirs qu'ils se créent, mesurent encore ces devoirs sur une grande fortune, ne sauroient être trop heureux, ni trop estimés. Lorsque la contagion révolutionnaire a desséché les cœurs, et qu'un égoïsme calculé est, pour ainsi dire, prêt à bannir de la langue le mot pitié, il est bien doux de retrouver le feu sacré de la bienfaisance chez ceux que nous aimons.

Qu'il me tarde, mon ami, de me voir réuni à cet aimable groupe ! Qu'il me tarde, enfin, de quitter cette belle Italie, et de me retrouver auprès de tout ce que j'aime ! Amour de la patrie ! tendres étreintes d'une affection réciproque ! larmes délicieuses de l'amitié ! je vous rapporte un cœur altéré de vos douceurs ! Non, il n'est pas de satisfaction plus pure que celle de ramener vers sa famille des pas égarés par une ambition déçue. Avec quelle tendre inquiétude, avec quelle impatience craintive je briserai à Lyon, le premier cachet qui contiendra mon arrêt de vie ou de mort ! La providence si constante à me frapper dans mes projets, me réserveroit-elle encore des coups plus sensibles ? Hélas ! puisqu'elle a conservé dans ma frêle machine le cœur que remuoit si douloureusement tant d'heureux souvenirs, elle n'aura sûrement pas brisé le lien chéri qui nous unit à jamais ! Oui, je vous reverrai, oui, je vous inonderai de mes larmes, et libre enfin de toute incertitude, j'exhalerai auprès de vous le sentiment habituel de mon ame, en m'écriant :

Qu'un ami véritable est une douce chose !

FIN.

500 €

91955
R-VO

www.ingramcontent.com/pod-product-compliance
Ingram Content Group UK Ltd.
Pitfield, Milton Keynes, MK11 3LW, UK
UKHW021142260726
13994UKWH00001B/257

9 782329 337333